潮来を、なぜイタコと読むのか

難読地名の謎

筒井 功

河出書房新社

はじめに

地名は、過去のいずれかの時期に、そこで暮らしていた人びとが、だいたいは無意識のうちに残した言葉の記録である。

明治初めの国の調査では、全国からざっと一千万ほどの地名が収集・記録されていたが、あまりにも膨大すぎて研究上、十分活用されないうちに関東大震災で失われてしまった。その後、大規模な調査は行われておらず、年月の経過と生活様式の激変で、忘却されたり消滅したりした地名も多い。しかし、それでも数百万が何らかの形で把握可能である。まさに言語・歴史資料の宝庫だといえる。

しかも、その中には、われわれがまだ文字をもたなかった時代に、すでに存在した地名が少なからず含まれている。例を挙げれば、三世紀に成立した中国の史書『魏志倭人伝』に見える対馬、一支（現在の壱岐）、末盧（同松浦）などは確実に、それである。八世紀に編纂された各国の『風土記』に現れる、おびただしい地名の相当部分も、そうであろう。

日本の地名は意味不明のものだらけだというのは、内外の観察者のほぼ一致した感想であり、嘆息である。わたしも、そのとおりだと思う。理由の一つが発生の古さによることは間違いあるまい。しかし、より大きな原因は、この分野へ参入する研究者が少なすぎることにあるのではないか。きっちりと調べもせずに、わからないと頭から決めてかかっているのではないか。

地名を扱った本は、これまでにたくさん出ている。自治体の史誌類などでも、しばしば地名の意味や由来に言及した部分が見られる。それらは篤実な研究に裏付けられたものと、こじつけや言葉遊びだとしか思えないものとに、両極化しているような印象を受ける。しかも、口はばったい言い分ながら、後者の方がずっと多いのではないか。

例えば、愛知県西尾市道目記《どうめき》町だが、これは昔、道の目印を記した標識が立っていたため付いた地名だとする説が江戸時代からある。もっぱら漢字の表記によった独断で、いまもよく目にする代表的なひとり決め解釈の例である。地名は一般に、できてから長いあいだ口と耳で伝えられていた。これに文字を宛てるようになるのは、ずっとのちのことなので、漢字の意味に頼りすぎると誤りを生じやすい。「道目記」は、近くの川の水音を表す「ドヨメキ」の宛て字で、各地に何千と残る同種地名の一つにすぎない。

ちょっと珍しい地名があると、すぐに外国語（たいていはアイヌ語か朝鮮語）で説明することも、相変わらずつづけられている。京都府京丹後市丹後町間人《たいざ》は、一説によるとアイヌ語で「タイ（森林）・ヒット（人）」の意であり、それがタイジャ（者）、タイザになったとされている。しかし古代に、このあたりでアイヌ語が話されていたことを示す状況証拠さえも全くない。「間人」をなぜタイザと読むのか、卑見は本書の第1章2節に述べてある。

地名には『風土記』の昔から、荒唐無稽な説話がまとわりつづけている。栃木県那須塩原市板室の乙女の滝は、盲目の美しい少女が滝の上に現れたために付いたなどと言い伝えられている。この種のお話は実に多く、地名について記した文献の中には、そのような昔話を長々と紹介しておしまいというものもある。しかし本書では原則として、説話類は取り上げていない。研究上は、まず無意味だと考えているからである。ついでながら、「乙女」「八乙女《やおとめ》」の名が付く滝はいくつもあって、その語義は「魚止め」（ウオトメまたはイオトメ）だと思われる。

現地の実状を無視した解釈も、こじつけの一類型としてときどき目にする。山形県川西町莅《のぞき》は難解な地名だが、同県内の地名を対象にした本で、ノゾキは「上から下を見下ろす」意であり、すなわちそのような高所に由来するとしたものがある。しかし、右の莅は一望べったりとした低平地の一角に位置して、どんな観点からも高所とはいえない。こんなことは地形図を眺めただけでもわかるはずなのに、それさえ怠ったのではないか。

はなから他人の悪口になってしまったが、以上に述べたことによって本書の執筆方針は、おおよそ理解していただけるのではないかと思う。取り上げたのは難読・珍地名が中心だとはいえ、その読み方をできるだけ多く知っていただくことを目的にしているわけではない。教えられないかぎり、まず読めない地名というのは、ほとんど無数にある。それを暗記してみたところで、よくテレビなどで見かけるクイズか何かの折りに、いくらか役立つくらいのものだろう。

地名の研究は、われわれの過去の暮らしを明らかにするためのものである。歴史学や民俗学の一分野だといってもよいだろう。それはまた、国語学・言語学の一角をも占めている。けれども、学問としての成熟度はまだ低く、少なからぬ人たちから好事家の趣味対象のように考えられているかもしれない。そんなものではない、と言いたくて筆を執ったつもりだが、成功しているとの自覚はない。せめて、地名学が目ざすところの、ほんの一端でも感じとってもらえたらと願うばかりである。

潮来を、なぜイタコと読むのか　難読地名の謎　◉　目次

はじめに　1

第1章　「タイザ」はアイヌ語地名ではない　13
❶一口（いもあらい）　13
❷間人（たいざ）　15
❸由比（ゆい）／手結（てい・たゆ）　18
❹一青（ひとと）／神鳥谷（ひととのや）　20
❺大歩危（おおぼけ）／坂下（ばんげ）　22
❻江差・枝幸・江刺（いずれも、えさし）　24
❖地名コラム1　アイヌ語と地名　27

第2章　「ヨウロ」は荷役労働者の集落から　31
❼特牛（こっとい）　31
❽幽ノ沢（ゆうのさわ）／夕沢（ゆうさわ）　33
❾大滝（おおぜん）／滴水（たるみず）　35

❿ 丁（よろ）／丁子（ようろご） 37
⓫ 白拍子（しらびょうし） 39
⓬ 鰻（うなぎ） 41
❖地名コラム2 ウナギの語源と方言 43

第3章 全国の「由良」海岸に共通するもの

⓭ 閖上（ゆりあげ）／小淘綾（こゆるぎ） 46
⓮ 点野（しめの）／禁野（きんや） 48
⓯ 熊押（くまおす）／猿押（さるおす） 50
⓰ 左沢（あてらざわ） 53
⓱ 遠敷（おにゅう） 55
⓲ 生野（いくの）／千歳（ちとせ） 57
❖地名コラム3 好字への変更 60

第4章 「美守《ひだのもり》」は『魏志倭人伝』につながる

⓳ 厳木（きゅうらぎ）／教良石（きょうらいし） 63
⓴ 城下（ねごや） 65

㉑ 美守（ひだのもり） 67
㉒ 泪橋（なみだばし）／思案橋（しあんばし） 70
㉓ 下呂（げろ）／上呂（じょうろ）／中呂（ちゅうろ） 72
㉔ 風呂ケ浴（ふろがえき）／桑林（くわぶろ） 74
❖地名コラム4 「フロ」という言葉について 77
第5章 岬を指す「串」は西日本に偏在
㉕ 蛇穴（さらぎ）／蛇穴（じゃけつ） 81
㉖ 及位・莅（ともに、のぞき） 83
㉗ 古凍・古氷（ともに、ふるこおり） 85
㉘ 大分（おおいた）／潮来（いたこ） 86
㉙ 串（くし）／串本（くしもと） 89
㉚ 奥武（おう）／青籠（あおぐむい） 93
❖地名コラム5 小さな大島 95
第6章 「シトリ」地名は新羅系渡来人由来か
㉛ 軽井沢（かるいざわ）／王余魚沢（かれいざわ） 98

㉜ 轆轤（ろくろ）／轆轤師（ろくろし） 100
㉝ 倭文（しとり）／設楽（したら） 102
㉞ 塔ノ弟（とうのへつり） 105
㉟ 一日市（していち）／廿九日（ひづめ） 106
㊱ 貝野瀬（かいのせ）／皆葎（かいむくら）／海野（かいの） 108
❖地名コラム6 古代日本語の音韻体系と地名 110
第7章 半俗宗教者が住んだ（山奥の）地名
㊲ 私市・私都（ともに、きさいち）／象潟（きさかた） 114
㊳ 太秦（うずまさ）／斑鳩（いかるが） 116
㊴ 清博士（せいばかせ） 118
㊵ 小童（ひち）／小童谷（ひじや） 120
㊶ 乙女（おとめ）／八乙女（やおとめ） 123
㊷ 廿六木（とどろき）／百笑（どめき）／百々女鬼（どどめき）／土泥（とどろ）／堂々（どうどう） 125
❖地名コラム7 大字・字・小字と地名の数 128

第8章　行商人の集住地「連雀」は東日本に多い

㊸ 十六島（うっぷるい）　132
㊹ 乞食（ほいと・こじき）／盗人（ぬすっと）　135
㊺ 人喰谷（ひとくいだに）／人穴（ひとあな）　137
㊻ 百済来（くたらぎ）　139
㊼ 連雀（れんじゃく）／旦過（たんが）　141
㊽ 奈良（なら）　143

❖地名コラム[8] 朝鮮語と地名　146

第9章　「桜」――狭い峠と、岩

㊾ 歌（うた）／善知鳥（うとう）　149
㊿ 強羅（ごうら）／五郎（ごろう）　151
51 御坊（ごぼう）／談議所（だんぎしょ）　154
52 桜（さくら）／桜島（さくらじま）　155
53 坊ガツル（ぼうがつる）　158
54 姥ケ懐（うばがふところ）　160

❖地名コラム9 地図上の地名と実際の地名 163
第10章 地名は近隣の地名をまねやすい
55 野呂（のろ）／芝（こうげ） 166
56 塙（はなわ）／圷（あくつ） 168
57 矢作（やはぎ）／莚打（むしろうち） 171
58 市ケ谷（いちがや） 173
59 沓掛（くつかけ）／鍵掛（かぎかけ） 176
60 神庭（かんば）／神代（こうじろ） 178
❖地名コラム10 地名の寿命 181
＊増補――
第11章 地名と人体名には共通語が少なくない
61 月出里（すだち） 184
62 贄浦（にえうら）／贄川（にえかわ）／仁江（にえ）／仁淀川（によどがわ） 187
63 名古屋・名護屋・名越屋・名子屋（いずれも、なごや） 189

64 **女郎島**（じょろうじま）／**女郎子岩**（じょろこいわ） 193
65 **所沢**（ところざわ）／**白猪谷**（しらいだに） 196
66 **不動滝**（ふどうたき・ふどうのたき） 199
❖**地名コラム11 人体の部位名と地名** 203
おわりに 208

装幀――design POOL（北里俊明＋田中智子）
写真――筒井 功

潮来を、なぜイタコと読むのか

難読地名の謎

第1章 「タイザ」はアイヌ語地名ではない

❶ 一口（いもあらい）

- 京都府久《く》御《み》山《やま》町一口《いもあらい》（東と西に分かれる）
- 東京都千代田区一口《いもあらい》坂《ざか》

一口《ひとくち》と書いてイモアライと読む。よく知られた難読地名の一つである。なぜ、こんな読み方をするようになったのか、それは何を意味しているのか。本書の地名の旅を、ここから始めることにしたい。

京都の一口は巨《お》椋《ぐら》池（現在は埋め立てられた）の西岸あたりに位置している。「昔三方ハ沼ニシテ一方ヨリ入口有之故《これあるゆえ》一口ト書ト云《いう》」（『山城名勝志』）との説は、この立地によるのであろう。ほかに著名な地名研究者であった丹羽基二の「『地貰《じもら》い』が訛ったものではないかと思う。農民等がはじめて土地を耕すときは、その地の一部を方形に区画し、四本の棒など立てて、土地を神から貰う祭事を行なった。これが『地貰い』である。このジモライを文字で書くかわりに、農民等は一口であらわした」という説もある。これは「口」を文字ではなく、記号であったと解釈している。さらにサトイモの洗い場に由来するとの指摘もある。

わたしの考えは、これらとは全く違う。京都の一口は、中世には「芋洗」「いもあらひ」と書いていた。一口の文字を宛てるようになったのは、江戸時代に入ってからのことである。したがってイモアライとは何かを解明することが先決だといえる。

奈良県橿原《かしはら》市栄和町には「芋洗地蔵」というのが現存する。国道169号の東側にあって同国道に面している。入り口の石標には「いもあらい地蔵尊」と陰刻してある。宝暦元年（一七五一）成立の『高市《たかいち》郡古跡略考』によると、ここから一〇〇メートル余り北にも「芋洗の地蔵」があり、毎年の聖《しょう》霊会《りょうえ》（この場合には盂蘭《うら》盆《ぼん》のことか）には、この地蔵に「火をかける」習俗があったという。芋洗地蔵を火につつんで何かを祓《はら》おうとしていたのである。

一方、同じ奈良県の高市郡と吉野郡との境に芋峠《いもとうげ》（芋ケ峠とも。五一〇メートル）がある。江戸期には「疱瘡峠」と書いてイモトウゲと読ませたこともあった。すなわちイモとは、天然痘（疱瘡《ほうそう》、痘《とう》瘡《そう》）の別称でもある。

奈良県橿原市の芋洗地蔵

サツマイモやジャガイモがまだ渡来していなかった日本の中世にあっては、イモとはだいたいサトイモを指していた。その表面のごつごつした感じが、天然痘によって皮膚にできる「あばた」を連想させたのである。だから、この病気の退散を祈る疱瘡神《ほうそうがみ》は、またイモガミ、イモノカミとも呼ばれていた。神奈川県横浜市金沢区の板橋にあった芋《いも》明神は、その一例である。これらに、後述の事実を考え合わせると、イモアライとはイモハライ（疱瘡《いも》祓《はら》い）が訛った言葉である可能性が強いことになる。

それではイモアライになぜ、一口の漢字を用いたのだろうか。これには二つの要因があったと思う。一つはイモを一口で食べるように、疱瘡を一気に退散させてほしいとの願いを込めてのことである。もう一つは、一口すなわち「ひとこと」祈れば、すぐさま願いをかなえてくれる霊験あらたかな神であってほしいという気持ちがはたらいていたからである。現に一言主《ひとことぬし》という神もある。福井市の城下の北西、旧牧野島村（現在の文京と大宮の一部）にあった一口《ひとくち》観音は、そのような意味で名付けられた信仰対象だった。

要するに、かつて「一口の疱《い》瘡《も》祓《はら》いさま」といったような表現があり、このイモハライ（イモアライ）に「一口」の文字を代用したのであろう。「飛鳥」をアスカ、「長谷」をハセと読むのは、「飛ぶ鳥の明日香」「長谷《ながたに》の初瀬《はつせ》」の常用句があり、その枕詞《まくらことば》でもとの地名を表記するようになったためだが、これと似たような事情によったからだと思われる。

東京都千代田区九段北の一口《いもあらいざか》坂の用字は、おそらく京都の模倣であろう。同港区六本木の芋洗坂は、ずっと「芋洗」の文字を使いつづけてきたようである。ほかに千代田区神田駿河台の淡路坂も別称を一口坂といい、これも九段と同じいきさつらしい。

❷ 間人（たいざ）

• 京都府京丹後市丹後町間人《たいざ》

これも難読地名として古くから問題にされている。

現地では聖徳太子の母、穴穂部間人皇女《あなほべのはしひとのおうじょ》（生年不詳、六二一年没）にかかわる地名説話を伝え、皇女と太子の巨大な母子像まで立っているが、たわいのないおとぎ話にすぎないので、ここに紹介するまでもあるまい。

古代に「間人」の文字をハシヒトと読んだ例は、穴穂部皇女のほかにも何例かある。ある地域と隣の地域との間《あいだ》は、どちらから見ても端《はし》になるため、この読み方ができたのではないか。あるいは、「間道《かんどう》」の言葉などからうかがえるように、間《かん》の漢字はもともと、脇《わき》、端《はし》といった意味を含んでいるのかもしれない。

その辺はともかく、ここの地名は元来はハシヒトといっていたように思われる。ハシヒトとは土師《はじ》人《ひと》すなわち土師器《はじき》（素焼きの土器）の製造を生業とする人びとのことである。ふつうは土師部《はじべ》と、権力者に隷属した部民《べみん》の呼称として資料に現れるが、鳥飼部《とりかいべ》―鳥養人《とりかいひと》のようにべをヒトとも表記した例もあるので、ハシヒト―ハジベと考えても付会ということにはなるまい。

ハシとハジの清濁の差は、たいして問題にならない。日本語では高橋（タカハシ、タカバシ）、大島（オオシマ、オオジマ）などと両様に発音する例は普遍的に存在するし、穴穂部皇子《あなほべのおうじ》（先の穴穂部皇女とは別人）はまた、泥部《はしひと》穴穂部皇子の名でも呼ばれた。この「泥部《はしひと》」は疑いもなく土師人《はじひと》のことである（穴穂部が土師人だったわけではない。そのような冠称をもっていただけのことである）。

丹後半島の北西部にあって日本海に臨むこの土地には、八世紀のころ現に土師部が居住していた。それは昭和四十年、奈良の平城宮跡から出土した木簡の「丹後国竹野郡間人郷土師部乙山中男作物海藻六斤」の文字によって証明される。この人物は、都へ海藻を貢進しているから、かたわら漁業にも従っていたのであろう。

一帯には神明山古墳など古墳が多い。土師部は土器や埴輪《はにわ》作りだけではなく、古墳の築造にも当たっていたので、ここに土師部が集住することになったと思われる。間人《はしひと》の地名は、それゆえに付いたに違いない。

それでは、この文字がなぜタイザの音をもつようになったのか。

このあたりには、いつの時代かはっきりしないが、タイサの地名が生まれていた。朝鮮の外交官、中叔舟が一四七一年に編纂した『海東諸国記』には、「丹後州田伊佐津平朝臣四郎家国」うんぬんの記事が見える。この「田伊佐津」が今日の間人《たいざ》を指していることは明白であり、同地に残る「四郎屋敷」の小地名は右の平家国に由来すると考えられる。

一方、土師部は古墳時代の終焉や、新しい製陶技術による須恵器《すえき》の普及にともなって、集団が解体していく。自然、ハシヒトの言葉も耳遠いものになり、その地名もやがて消滅する。そうしてハシヒトとほぼ重なるか、その一部を占めていたタイサの津と呼ばれる地域が、ハシヒトの名に取って代わったのであろう。ところが、その表記は以前のまま残ってしまった。中世までの庶民は、ほとんど文字の読み書きができなかったから、そんなことなど少しも気にしなかったに違いない。

間人の立岩（たていわ）。海べりにそびえる周囲1kmの巨岩からなる島である。

一〇世紀に成立した漢和辞書『倭名類聚鈔《わみょうるいじゅしょう》』（以下、『倭名抄《わみょうしょう》』と略すこともある）に見える備中国浅口郡（現岡山県）の「間人」（おそらくハシヒトと読んでいたろう）も、その名を今日にとどめていない。さらに同書記載の肥後国山鹿郡（現熊本県）の「箸人」もいまはないが、これも右と同例の可能性が強い。

要するに間人《たいざ》は、ある地名に別の地名の文字表記を転用したのである。

奈良県御所《ごせ》市の樋野《ひの》は、明治時代にはこの文字でイブリと読ませていた。それは樋野坂と飯降谷《いぶりだに》の二村が合併して樋野村になった折り、一方は表記を、他方は読みを村名に残したからであった。間人と似たような事情で生まれた難読地名だった。

❸ 由比（ゆい）／手結（てい・たゆ）

- 静岡市清水区由比《ゆい》
- 山口県周防大島町油宇《ゆう》
- 高知県香南市夜須《やす》町手結《てい》
- 和歌山県美浜町田井《たい》
- 島根県松江市鹿島町手結《たゆ》

これらは、みな海沿いに位置している。ほかにも、とくに西南日本の海岸には、文字はさまざまながらユイ、ユウ、テイ、タイ、タユなどの地名が多い。

ユイ、ユウは共同作業の意の「結《ゆい》」にもとづくとする見解が、ほぼ定説となっており、わたしも同意見である。テイ、タイ、タユなどは、それに「手」を付け加えて、意味をより明確にしたのであろう。手《て》はまたタともいったことは手綱《たづな》、手向《たむ》け、袂《たもと》（手本《たもと》の意）をはじめ、その例が少なくない。

しかし、ここに一つの不審が起きる。共同作業は農業でも狩猟でも行われていたはずなのに、右のような地名がなぜ沿海に集中しているのだろうか。

私見では、地名として残った結《ゆい》あるいは手結《てゆい》は、どうも特別の共同作業を指していたらしく思える。神奈川県鎌倉市の由比ケ浜が典型的だが、これらの地名が付いた海岸にはべったりとした砂浜が目立つ。そうでなくても、ほとんどの場合、規模はともかくとして、近くにそういう地形が見られる。切り立った崖や、岩礁地帯であることはまずない。長くつづく砂浜に適した漁法は、網漁とくに地曳き網漁である。すなわち結、手結は網を用いる共同作業を指していたのではないか。

網を使った漁業は、きわめて古くから存在した。あちこちの縄文遺跡から、両端に切り込みを入れた土器片が多量に出土しているが、これは漁網に結び付けて重りにしていたようである。『万葉集』には、

大宮の内まで聞ゆ網引《あびき》すと
網子《あご》調《ととの》ふる海人《あま》の呼び声（三・二三八）

の歌が見える（読みは岩波書店『日本古典文学大系』本による。数字は上が第何巻かを、下が歌の整理番号を示す。以下、同じ）。網子とは、漁網の引き手のことである。

前節で取り上げた間人《たいざ》の、とくに立岩のあたりは一キロほどの砂浜がつづく地形になっている。タイザのタイが結《ゆい》地名であったとしても、おかしくはない。しかし、もしそうであるとすれば、末尾のザとは何を指しているのか。

一五世紀の朝鮮の資料に現れる「田伊佐」の文字は、タイサと清音で読むのにふさわしい。そうだとするなら、サはセ（瀬）の訛りであるとも考え得る。ただし、これには証拠がなく、「あるいは、そうかもしれない」といった程度の話である。

なお、東北日本の海岸には結、手結関連の地名はほとんどないようである。その理由ははっきりしないが、古代、網漁に従っていた網引部《あびきべ》は国家に隷属して海産の魚介を貢進する一方、特権的な漁業権を認められていたらしく、国家の支配力が完全には及んでいなかった地域には、そのような職業民が少なかったことによっている可能性があると思う。

また、内陸部でときどき見かけるタイ（田井と書くことが多い）の地名は、むろん右の結に由来するものではあるまい。これはどうやら、単に「田」というにひとしく、つまり「田んぼ」を意味する言葉が地名になったのではないか。この推測に誤りがないなら、タイのイは接尾語ということになる。

❹ 一青（ひとと）／神鳥谷（ひととのや）

- 石川県中能登町一青《ひとと》
- 栃木県小山市神鳥谷《ひととのや》
- 広島県庄原市西城町小鳥原《ひととばら》
- 神奈川県真鶴町真鶴の鵐窟《しとどのいわや》

「一青」の文字をヒトトと読める人は、近ごろはけっこう多いと思う。それはたぶん、一青窈《ひととよう》という歌手・女優の珍しい名前によっていることだろう。この女性は父親が台湾人、母親が石川県出身の日本人で、一青は母親の姓だという。日本人の姓の約八割は地名を名乗ったものであると推定されるが、彼女の母親の場合も、その一例に違いない。

ヒトトはシトトともいい、ホオジロ、ホオアカ、アオジ、クロジなどホオジロ類の小鳥の古称である。いずれもスズメくらいの大きさで、右の地名に宛てられた神鳥、鵐（左側の巫《ふ》はミコという意味）の漢字からもわかるように古くは霊鳥と考えられていた。

古代人は霊魂を鳥に重ね合わせて考える傾向があった。魂は鳥のように空中を自由に浮遊すると信じていたからである。これはおそらく、人が眠っているあいだに見る夢に由来していると思う。人は夢の中で、しばしば過去の世界や、はるか遠くの場所へ飛翔していく。それが魂を鳥に仮託させたのではないか。魂は頭の中に入っているので、そんなに大きくはない。ワシやトビのような大きな鳥より、片手で握ることができるほどの小鳥にたとえられがちであった。ちなみにアタマ（頭）という言葉は、タマ（魂）に接頭語のアが付いたものだとの説がある。

シトトは特別にきれいな鳥ではない。ただ、その鳴き声に何か意味があるように聞こえたのかもしれない。ホオジロは「一筆啓上つかまつり候」と鳴くといわれるが、そういうさえずり方を神の託宣や死者の言葉のように感じたということはあり得る。あるいは、現代人には想像のつかない理由でもあったのだろうか。

いずれであれ、神鳥谷、小鳥原、鵐窟などの宛て字は、ヒトト（シトト）が霊鳥とみられていたことを知れば十分に納得がいく。それでは一青は、どうか。

これはヒトトのヒトを「一《ひと》」で表し、その体色を「青」としたのだと考えられる（例えば植物の「おもと」は万年青と書く）。この鳥の色は今日、われわれがいっている青ではない。全体が茶色に近い。それはホオアカやアオジについてもいえる。一部のインコに見られるような、あざやかなブルーの羽は生えていないのである。しかし、もともとの青とは、白でも黒でも赤でもないような中間色を指していた。「アオシシ（カモシカのこと）」とか「顔が蒼《あお》ざめる」の表現に、それが残っている。「緑信号」のことを「青信号」というのも、これであろう。

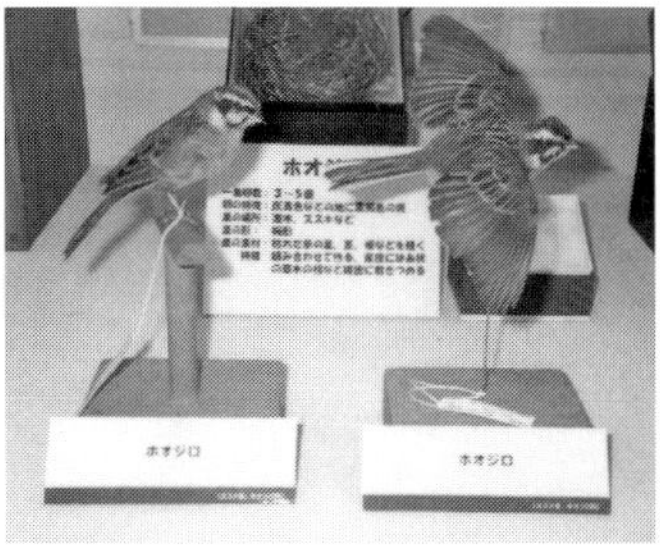

ホオジロの剝製（千葉県我孫子市の我孫子市鳥の博物館で）

石川県中能登町一青の南隣には黒氏《くろじ》の地名がある。これもヒトトの一種クロジにもとづくに違いない。また、両地のすぐ北方の春木には鳥屋《とりや》比古《ひこ》神社があり、この一帯は中世の一青庄《ひとととのしょう》に比定されている。あたりがヒトトの群棲地であったか、もしくは古代ヒトトをトーテム（祖先と特別のつながりがあるとみなしていた動物）とする集団が居住していたと思われる。

❺ 大歩危（おおぼけ）／坂下（ばんげ）

●徳島県三好市大歩危《おおぼけ》・小歩危《こぼけ》
●福島県河沼郡会津坂下《ばんげ》町

徳島県の西端、愛媛・高知県境に近い大歩危・小歩危は、吉野川中流域の大峡谷で観光地として知られている。

ホケとは切り立った崖を指す地形語である。この類語はハケ、ハキ、ハゲ、ハガ、ホッケ、バケ、バッケ……などと少しずつ音を変えて各地の地名に、おびただしく残っている。小地名まで数えたら、おそらく万単位になるのではないか。

これらの言葉の元来の意味は「欠《か》け」であろう。その語頭が濁音化して崖《がけ》になり、カの音がハ行音に変わってハケ系統の語になったと思われる。東京西郊の武蔵野台地を流れる野川流域の段丘を「ハケ」と称するのもこれだろう。日本語では古くは「鋸《のこぎり》」をノホキリ、「含《ふく》む」をフフムといい、また「岐神《ふなとのかみ》」をクナトの神と称したり、「噛《か》む」と「食《は》む」が相通じているように、k音とh音が交替する例は決して珍しくない。

ハケ・ホケ関連地名には、実にさまざまの文字が宛てられている。九州ではハキ、ハギとなることが多いようだが、これには吐《はき》、萩《はぎ》の漢字が用いられることもある。熊本県八代市坂本町では、球磨《くま》川をはさんで葉木《はき》と破木《はき》とが向かい合っている。混同を避けるために文字を別にしたと推測される。

右に挙げた例は読み方はそんなに突飛ではないが、言葉の原義にはほど遠い。それにくらべて、「歩危」は、書き得て妙といってよいだろう。実際、大歩危・小歩危のあたりは「歩くのが危い」急崖つづきであり、その読みもさして不自然ではないからである。

　同じ徳島県の那賀町木頭助《きとうすけ》には歩危峡《ほききょう》という、三好市のそれよりぐんと小型の渓谷があるが、この文字はたぶん三好からの借用ではないか。地名の用字には、近い地域の同音地名を模倣する傾向がある。

　地名の漢字は一般に訓読みすることが多い。複数の文字をいずれも音読みするのは東京、京都、岐阜などのような純然たる人工地名を別にすれば、やや珍しいといえる。福島県会津坂下町が、なぜサカシタでなくバンゲなのか不審に思っている人は、けっこういるのではないか。

「坂下」は、いうまでもなく宛て字である。これも、もとをたどればハケ・ホケ地名である可能性が強い。茨城県、千葉県あたりでは崖のことをバッケといい、山形県ではバッカケと呼ぶ。後者はハケとカケ（ガケ）との合成語かもしれない。

徳島県三好市の大歩危峡。「歩くのが危い」の宛て字がぴったりの地形である。

　バッケが撥音《はつおん》（ンで表記される音）化してバンゲになることは、おおいにあり得る。この変化が起きたことを立証するためには、坂下町のもとになった小地名の地形を調べるのが一番だが、あいにくすでに消滅したとみえ残っていない。現在の坂下町内でハケ・ホケ関連とみられる小地名は、大字合川《あいかわ》字場化《ばけ》だけのようである。しかし、ここは江戸期の合川村分であって坂下村には入っていない。

　なお、角川書店の『日本地名大辞典』（以下、『角川辞典』と略称することもある）に、「坂下」の語源に関して、「アイヌ語で崖の上の意の『バッケ』から生じたともいう」との説が紹介されているので、これについて私見を述べておきたい。

知里真志保《ちりましほ》『地名アイヌ語小辞典』には、北海道東部方言にパケ（pá-ke）の語があり、「①頭②岬《こう》頭《とう》、出崎の突端の崖」のことだと記されている。アイヌ語には本来、清濁の区別がないというから、先のバッケは、このパケのことであろうか。日本語の「ハ」は古くは「ファ」と発音され、さらにその前には「パ」であったと推定されている。したがってハケとパケとはおおいに関係がありそうだが、パケの根源的な意味は「頭」にあるらしく思われ、「欠《か》け」に由来するハケ、バッケなどとは違っている。これは、やはり偶合にすぎないと思う。

❻江差・枝幸・江刺（いずれも、えさし）

- 北海道檜山振興局江差《えさし》町
- 同宗谷振興局枝幸《えさし》町
- 岩手県奥州《おうしゅう》市江刺《えさし》区（旧江刺市）

民謡「江差追分《おいわけ》」で知られる檜山の江差は、函館の西方にあって日本海に面している。宗谷の枝幸はオホーツク海に臨み、稚内《わっかない》に近い。

知里真志保『地名アイヌ語小辞典』は、「エサウシ（esausi）」の語を立項して「岬、山が川岸まで出て来ている所」と解説している。それは「e（頭を）sa（前、浜）usi（につけている）-i（者）」に分析できるという。さらに、この言葉から「エサシ（esasi）」の語ができ「岬、山が海岸まで出て来ている所」を意味するとしている。

アイヌ語地名研究の権威であった山田秀三の解釈も、これと完全に一致し、江差・枝幸はすなわち岬のことだと述べている。両地とも海岸にあって、そのような地形を示しているから、二人の指摘にまちがいはあるまい。

問題は岩手県の江刺である。これは内陸部の地名なのである。

東北地方の北部にアイヌ語地名があっても少しも不思議ではない。

秋田県と、それに接した一部地域では、猟師のことをマタギと呼ぶ。近ごろでは、ほかのところでも無頓着にこの言い方をすることがあるが、それは借用であって秋田周辺以外では、もとからの日常語として存在していたわけではない。

マタギが狩猟に臨んだときにのみ使う山言葉には、「セタ（犬）」とか「サンペ（心臓）」「ワッカ（水）」などのようなアイヌ語が、かなり含まれている。これは、彼らの祖先がアイヌ語を用いていた名残りだと考えるほかあるまい。

また、本田伸『弘前藩』によると、津軽領で正保年間（一六四四－四八）に作られた『陸奥国津軽郡之絵図』には、五カ所に「犾《えぞ》村」「狄《えぞ》村」が書き込まれているという。江戸時代前期には、現在の青森県西部にもまだアイヌの村落（コタン）があったことになる。

そうである以上、青森県東通村尻労《しつかり》、同県階上《はしかみ》町平内《ひらない》、岩手県宮古市近内《ちかない》、同県の葛巻《くずまき》町や一戸町を流れる馬淵《まべち》川、秋田県秋田市仁別《にべつ》、同県北秋田市阿仁比立内《ひたちない》などは、アイヌ語由来がまず確実であろう。山田秀三は尻労はシリ・ツカリで「山の手前」のことだとしている。あとの地名に見えるナイ、ベチ、ベツは川や沢を指すナイ、ペッだと思われる。その上に付いている言葉の意味については、わたしのような全くの素人が解釈を試みることは危険なので、ひかえておきたい。

北海道の地名は、周知のように多くがアイヌ語にもとづいている。ナイ、ベツ（ペッの転訛）などは、ほとんど無数である。これは右にも例示したように、東北地方の北部でもときどき目にする。岩手県の江刺は、そのような場所に位置している。そうしてエサシの音をもつ地名は北海道にも複数あり、その意味も確かめることができる。となると、江刺は内陸にあるので、海の岬ではなく、「山が川岸まで出て来ている所」と一応は考えてよいだろう。

ただし、それは確度の高い推定ではない。江刺の資料上の初見はきわめて古く、『続日本後紀《しょくにほんこうき》』承和八年(八四一)三月二日条である。そこには、「江刺郡」と記されている。このときすでに、かなり広い範囲を指す地名になっていたのだ。つまり、そのもとの小地名エサシがどこかはっきりせず、地形の特徴を知ることができないからである。

なお、エサシの音をもつ地名としては、ほかに岩手県盛岡市の旧餌差小路《えさしこうじ》(現肴《さかな》町)、東京都文京区の旧小石川餌差町(現在の小石川一―二丁目あたり)、和歌山市餌差町、大分県中津市餌指町などがある。これらは鷹狩りのタカの餌にする小鳥を捕まえることを生業としていた「餌差《えさし》」にもとづく地名であって、もちろんアイヌ語とは何の関係もない。彼らは江戸時代には鷹匠の支配下にあって、しばしば鷹匠町に接する町場に集団で居住していた。そこが、すなわち餌差町である。

鷹匠町、餌差町のような地名を「職業地名」と呼ぶことがあり、その種類は何百、いや何千にも達するかもしれない。

*

❖地名コラム 1 アイヌ語と地名

日本の地名を地域にかかわりなく、アイヌ語で解釈しようとする試みは、イギリス人の宣教師でアイヌ語学者でもあったジョン・バチェラー（一八五四－一九四四年）以来、今日まで絶えることなくつづいている。例えば、第1章2節で取り上げた京都府京丹後市の間人《たいざ》について、「名称の起因は、アイヌ語でタイ（森林）、ヒット（人）であって、その後年数の経過するに従い、タイヒトとなり、タイジャとなり、タイザに至った」とするがごときである。このように言葉を適当に分解し、それぞれの部分に音の近い外国語の単語を当てはめて、その言葉の原義を説明しようとすることは、ひとりよがりの付会に終わってしまいがちである。

アイヌ語の場合、以前はよくバチェラーの『アイヌ・英・和辞典』が参考書として使われていた。いや、近年でも、そうしている人がいるかもしれない。柳田國男の不朽の名著『地名の研究』は戦前の成立だが、しばしばバチェラーが引用されている。しかし、アイヌ民族の言語学者・アイヌ語学者の知里真志保（一九〇九－六一年）は『アイヌ語入門－とくに地名研究者のために－』の中で、バチェラーの辞典に言及し、「この辞書くらい、欠陥の多い辞書を私は見たことがない。欠陥が多いというよりは、欠陥で出来ている、と云った方が真相に近い」と酷評している。要するに、現在では使用に耐えない、ということであろう。

けれども、どんなに完璧なアイヌ語辞典を用いるにしても、やみくもに日本語と比較して、ちょっと似ていたら語源はこれだといった解釈は、所詮こじつけをまねくだけのことである。わたしはアイヌ語の知識は全くない。ただ、論理的に次のようなことがいえると思う。

いまからざっと二千数百年前まで、縄文人と呼ばれる民族集団が列島全域に居住していた。彼らがいつごろ、どういうルートをたどって、この島国にやってきたのか、人種的、文化的にどのような性格をもっていたのか、どんな系統の言語を話していたのか、まだ不明な点が多い。だが、彼らが列島の先住民であったことだけは、はっきりしている。そうして、その形質人類学的特徴にアイヌと共通するところが少なくないことも、ほぼ定説となっている。この事実が、アイヌは列島で暮らす現今の人間集団のうちで、縄文人の血を最も濃密に受け継いでいるとの見解を生んだといってよいだろう。これは、それなりにうなずける指摘であり、やがてきっちりと立証されるときがくるかもしれない。

アイヌは、列島の先住民たる縄文人の血統につながるから、その言語で、弥生人の影響を受ける前の日本語（地名を含めて）を解釈できるはずである。これがバチェラーや、彼と同様の手法を取る人びとの理解だと思われる。

しかし、縄文人が人類学的に単一の人種に属していたとしても、同じ系統の言語を使用していたとはかぎらない。例えば、東北の縄文人と九州の縄文人とは、全く別種の言葉を話していた可能性もある。だが、いまは列島の縄文語は地域を問わず同一系統に属し、アイヌ語も基本的にはこれであるとの仮定に立って考えてみたい。

今日の日本語でも、地方によって相当に大きな差異がある。ここ一世紀ほどは、学校教育やメディアの普及などで、ほとんどの人が共通語か、それに近い言葉を話すことができるようになり、およそ意思の疎通が不可能といったことは、まずなくなった。けれども、純粋の方言というのは、いまなお他地域の人間には著しく了解困難なものである。縄文時代にも当然、方言は存在したはずである。その差異は近代と同等か、それ以上であったかもしれない。

一方、現今の研究者が知っているアイヌ語は、近世末から近代にかけて北海道と、その周辺で使用されていた、いわば現代語である。日本語の場合は、『古事記』『日本書紀』『風土記』『万葉集』などの文字資料によって一三〇〇年ばかり前の姿が不十分とはいえ再現可能だが、アイヌ語ではそれができない。すなわち、例えば千年前のアイヌ語がどんな語彙と音韻構造をもち、それがどう変化してきたのか、だれにもわからないのである。

したがって、間人《たいざ》の地名をアイヌ語で解釈しようとすることは、方言差も音韻変化もいっさい無視した態度だということになる。これは、丹後半島あたりにも古代アイヌ語を使用する人びとが住んでいたとの前提に立っての話だが、そもそもこの前提自体が全く実証を欠いている。要するに、もとから無茶な比較なのである。

山田秀三は、平凡社の『北海道の地名』所収「アイヌ語地名の話」で、「石狩とか十勝とかの大地名も、もとは村の中の小地名から拡がったものらしい。これらは不思議なほど語義が分らない。大地名だからこそ何とか解釈したいのは自然で、ものの本にはよくそれが書いてあるが、並べて見ると甲論乙駁で手に負えない」と述べている。北海道の地名からして、このありさまである。ましてや、西日本の古代地名をアイヌ語で解こうとしても、結局はこじつけにしかなるまい。

なお、八世紀から九世紀にかけて東北地方の「俘囚《ふしゅう》」「夷俘《いふ》」を関東以西の各地へ移配したことが各種の記録に散見され、この事実をよりどころとして、それらの地方（ほとんど全国に及ぶ）の難解地名をアイヌ語で説明しようとする人たちもいる。

しかし、これにも先に述べた疑問が残るのみならず、彼らがアイヌ語を話していたかどうかも判然としない。また、高橋崇『蝦夷（えみし）』によると、一つの国に送り込まれた彼らの人数としては、八〇六年に近江国(滋賀県)にいた夷俘六四〇人を大宰府(福岡県に所在)へ移して防人《さきもり》に充てた例が記録上では最大だという。高橋は「各国での全人口比は知られていないが、極く小さいものであったであろう」と推定している。

蝦夷が関東以西で、その独自性をたもちつつ地域社会を形成した事実は全く確認されていない。そういう集団が移住先に地名を残し、それが現在まで遺存していると考えることは、いかにも不自然ではないだろうか。

第2章　「ヨウロ」は荷役労働者の集落から

❼ 特牛（こっとい）

- 山口県下関市豊北町特牛《こっとい》
- 福岡県赤村・添田町境の犢牛岳《こっといだけ》
- 長崎県対馬市美津島町今里の特牛崎《こっといざき》

「特牛」「犢牛（犢《とく》は子牛の意）」の文字をコットイと読む理由は、国語辞典を開いてみれば、すぐにわかる。そこには「コトイ」の変化した語で、雄牛、大きく強健な牛、雄の子牛といった説明が記されていることだろう。やや詳しい辞典ならコッテ、コッテイ、ゴッテイ、クッテイ、コットウ……などと各地の方言で少しずつ音が違っていることにも触れているはずである。語源については「殊負《ことお》い」の約だとか、もと外来語かといった説があるが、いまひとつはっきりしない。

山口県の特牛は、響灘に面した、小さいが水深のある入江に沿った地名で、その両側の岬が二本の牛の角のように海へ向かって突き出している。これが地名の由来かもしれない。ただし、一〇世紀成立の『延喜式』に、沖に浮かぶ角島《つのしま》には「長門国角島牛牧《うしまき》」があったと記されていることからもわかるように、そこでは古くから牛が飼育されていた。特牛は、この牛の輸送浦であったために付いた地名の可能性もある。

福岡県の犢牛岳は、「犢」の字が難しいためであろう、いまでは特牛岳とも書いている。

この山名はどうも、その形によっているようである。山の全体は、あんまり近くからは眺めにくい。最もよく望めるのは、赤村の町場にある赤村特産物センターあたりらしい。この辺からだと、山はずんぐりした牛の姿に見えないこともない。とはいえ、それも「月で餅をつくウサギ」のたぐいで、そういえばそんな感じがするといった程度の類似である。この周辺の中年以上の住民は、たいてい「コッテ牛」の言葉を知っている。わたしが聞いたかぎりでは、「雄牛のことだ」と答えた人が多かった。

長崎県の特牛崎は、行ったことがないので岬の形が牛に似ているかどうか、わたしにはわからない。ただ、ちょっと気になるのは、ここから大口瀬戸と呼ばれる海峡を北へ渡った豊玉町廻《まわり》の地先に「牛島」の名をもつ小島が存在することである。特牛と、ただの牛とのあいだに何か違いがあるのかどうか。ひょっとしたら、二つの地名ができた時期が異なっているためかもしれない。そうだとすれば、特牛の方が古いような気がする。

なお、愛媛県西予市三瓶《みかめ》町にはコテイ島がある。現在は陸地とつながっているが、もとは小さな島であったらしい。このコテイもたぶん、コットイと同じであろう。

福岡県赤村の役場近くから望む犢牛岳（背後の山脈の中央）。牛に見えないこともない。

❽ 幽ノ沢（ゆうのさわ）／夕沢（ゆうさわ）

- 群馬県みなかみ町藤原の幽ノ沢《ゆうのさわ》
- 福島県只見町黒谷の大幽沢《おおゆうさわ》
- 新潟県魚沼市大白川の夕沢《ゆうさわ》

群馬・福島・新潟三県境が接するあたりの山岳部の地形図を眺めていると、よく「ユウ」の語が付いた沢や山の名を目にする。漢字を宛ててあるときは「幽」がほとんどで、「夕」もわずかに見られる。幽ノ沢、板幽沢《いたゆう》、夕沢、高幽山《たかゆう》などである。周辺には谷川岳、尾瀬ケ原、宝川温泉といった登山、観光の名所があるので、お気づきの方も多いことだろう。岩登りの殿堂である谷川岳自体にも、幽ノ沢という名の沢がある。

試みに、国土地理院発行の五万分の一地形図「藤原」の部を広げてみる。東西二二キロ、南北一八キロほどの範囲の右端中央に尾瀬ケ原、左側の真ん中くらいに利根川の最上流、奥利根湖が位置している。

奥利根湖には北から幽ノ沢が流入している。その南隣の洞元湖へはユノセンを支流にもつ矢木沢が西から、幽倉沢《ゆうのくら》を支流にもつ楢俣川が東から合流している。少し下流の宝川にも板幽沢という支流がある。以上はいずれも群馬県だが、地図の右上に見える大白沢の支流アサユウ沢は新潟県である。「藤原」の北東隣「檜枝岐《ひのえまた》」の部には高幽山と岩幽があり、その北隣の「小林」にも大幽沢、大幽山、小幽沢がある。これらは福島県に属している。

「ユウ」の付く沢や山は、ほかのところを含めてみな、えらい山中にある。ユウとは一体、何のことだろうか。第1章3節で触れた「結《ゆい》」とは関係なさそうだ。つまらぬ私ごとで恐縮のかぎりだが、奥利根湖の幽ノ沢や宝川の板幽沢へ初めてイワナ釣りに入った三十数年前からのわたしの疑問であった。その答が拍子抜けするほど何でもないことに気づいたのは、近ごろのことである。

ユウは岩《いわ》と全く同語で、その訛《なま》りにすぎない。岩は古くは「イハ」（より正確にはイファに近い）と発音していた。これがイハ－ユハ－ユフ－ユウと変化したのである。イ（i）がユ（yɯ）に変わり、ハ（ha）がフ（hɯ）になるのは母音交替の、フがウ（ɯ）に移行するのはハ行転呼の一つである。

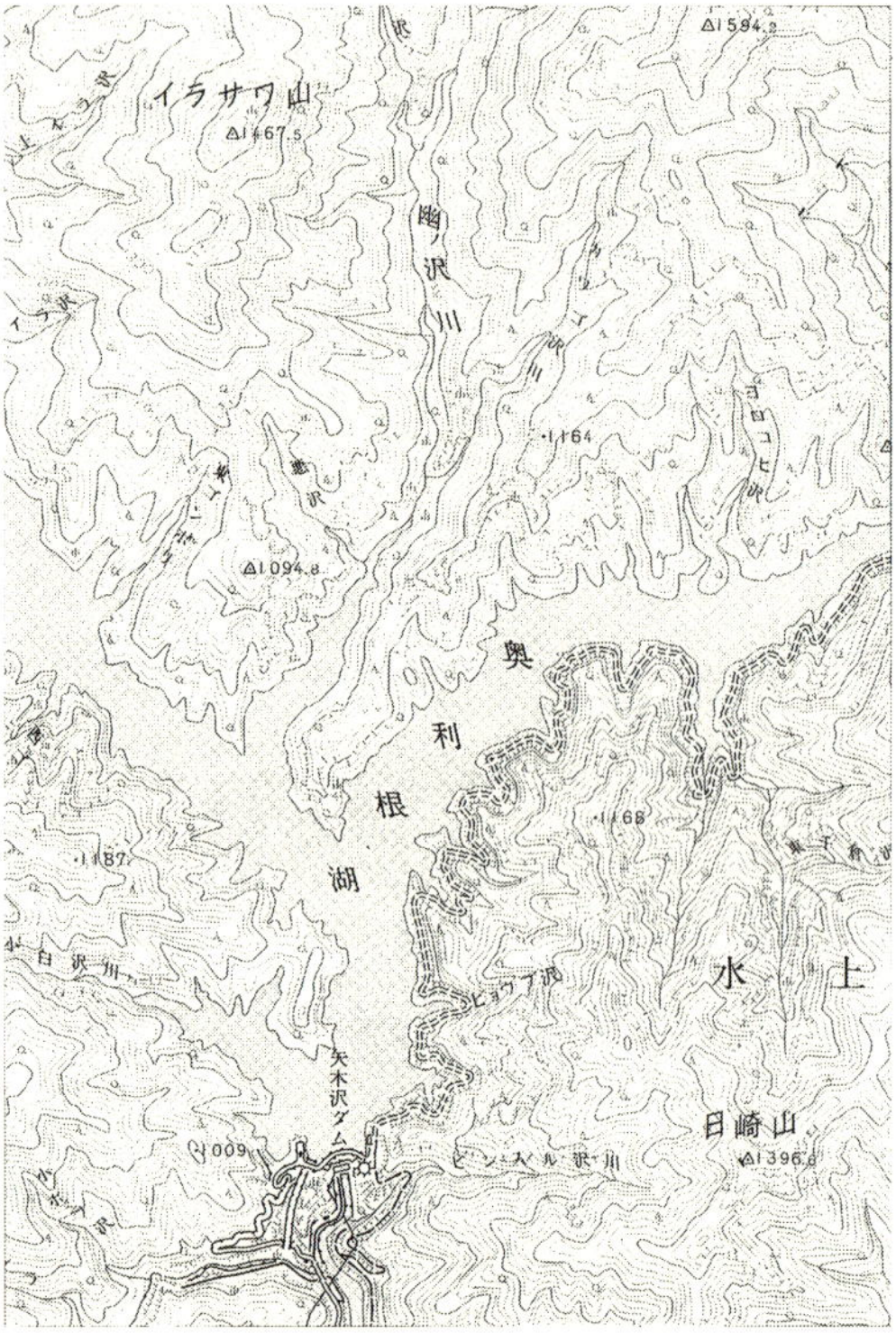

5万分の1地形図「藤原」の一部。奥利根湖へ流れ込む幽ノ沢が見える。「沢」に、さらに「川」を付けるのは官庁流である。

これらについては、のちに詳しく述べたいが、いずれも日本語ではごく普通に起きる音韻変化である。多くの地方ではイハがイワになっただけだが、先に挙げたところでは、もう少し大きな転訛が生じたのである。ユウはイワの方言だといえる。九州・大分県の由布《ゆふ》岳も火山性の立派な岩山であり、ひょっとしたらこれかもしれない。

したがって幽ノ沢は岩ノ

沢、高幽山は高岩山のことになる。岩幽は「イワのイワ」という妙な言い方をしていることになるが、これはイワとユウとが別語だと意識されるようになって以後に付いた名であろう。

❾ 大滝（おおぜん）／滴水（たるみず）

●長野県山ノ内町・栄村境の大滝《おおぜん》
●熊本県小国町黒渕上滴水《かみたるみず》、下滴水

長野県の大滝《おおぜん》は、「秘境」の名を冠して呼ばれることが多い秋山郷の最奥部から雑魚川《ざこ》を五キロばかりさかのぼった、一望無人の山中にある。この珍しい読み方は、滝のことを「セン」ともいっていたことを示している。

センの音をもつ滝の名は各地に少なくない。群馬県の谷川連峰の「ドウドウセン」や「マワット下のセン」、長野県軽井沢町長倉の千ケ滝、新潟県南魚沼市舞台の仙ノ滝、群馬県南牧村星尾の線ケ滝、山梨県北杜市高根町清里の千ケ滝、熊本県山都町千滝の千滝《せんたき》などである。また、青森県深浦町追良瀬のセンノ沢、前節でも取り上げた群馬県みなかみ町藤原のユノセン（岩《ゆう》のセンの意であろう）のように沢の名前になっていることもある。これらは、センが滝を指す言葉であることを裏付けていると思われる。

センの語源は何だろうか。

小学館の『日本国語大辞典』（以下、『小学館辞典』と略すこともある）の「せむ」の項には、その語義の一つとして「ぎりぎりに近寄る。近づく。せまる」の説明が見える。これが撥音便化すれば、「せん」になる。すなわち、センとは「迫《せま》ったところ」「行き止まりの場所」を指しているのではないか。

これは単なる想像ではない。セムの第二音節の母音が交替すれば、セメになる。『小学館辞典』の「せめ」の項によると、石川県能美郡の方言では、この語は「沢の行き止まり」を意味するとなっているのである。

これを傍証する地名も存在する。熊本県八代市坂本町鮎帰《あゆがえり》の責《せめ》は、球磨川の支流、油谷《あぶらだに》川沿いの小集落である。この村のはずれに昭和の末年ごろまで、ちょっと変わった滝があった。その滝（聞き取りでも名前を確認できない）は、川をせきとめて並ぶ三つの巨岩のあいだから二筋の吹き出しとなって下へ勢いよく落ちていた。それは見るからに印象的な岩と滝で、これが責《せめ》という珍しい地名の由来だと考えられる。そばに、いまも石の地蔵が立つことからもわかるように、かつては神聖視された場所であったに違いないが、道路を広げ、川の流れをよくするために岩を重機で砕いてしまったそうである。現在では岩の下部がわずかに残るにすぎない。

熊本県八代市責の、かつて滝があった谷筋。岩は上に見える電線のあたりまで達していたという。

滝の名にはタルの語が付くものも、なかなか多い。静岡県島田市高熊の大垂滝《おおたるのたき》、石川県宝達志水町宝達の樽見滝、愛媛県西予市野村町旭の樽滝、高知県越知町越知の大樽ノ滝、長崎県東彼杵《そのぎ》町木場《こば》郷《ごう》の大樽滝などは、その例である。

滝を古くはタルミともいったことは『万葉集』の、

石《いは》ばしる垂水《たるみ》の上のさ蕨《わらび》の
萌《も》え出づる春になりにけるかも（八・一四一八）

の歌によって証明される。すなわち、タルは「垂《た》る」、タルミは「垂《た》る水《み》」である。

熊本県小国町の滴水《たるみず》のすぐ近くには鍋ケ滝《なべがたき》がある。落差九メートル、幅二〇メートルほどで、さして大きくはないが、滝の裏側を人が通ることができる。しかも裏は、かなり広い。典型的な「裏見の滝」である。滴水の地名は、この滝によっている可能性が強いと思う。同じ熊本県の熊本市植木町にも滴水《たるみず》があるが、ここに滝があるかどうか確認していない。

鹿児島県垂水《たるみず》市の「垂水」について、『角川辞典』は「垂水城の崖下の岩間より清水が滴《したた》り落ち泉となり、住民の飲料水となったことに由来する」としている。そのとおりだとすれば、滝とはいえないようなささやかな落水をタルミズと読んだこともあったことになる。

高知市高須の絶海《たるみ》は、おそらく落水とは関係あるまい。ここは浦戸湾の奥に面した潮入り地である。その語義は文字どおり「絶ゆ海」、すなわち海が終わるところの意ではないかと思う。

なお、地名に「滝」が付いていても、そばに滝があるとはかぎらない。そういう例は各地に豊富にあって、ほとんどは「岳《たけ》」の訛りである。宮崎県延岡市北方町滝下も、滝の下にはない。目の上には急傾斜の山腹がそそり立っている。つまり「岳の下」である。

❿ 丁（よろ）／丁子（ようろご）

● 兵庫県姫路市勝原区丁《よろ》
● 和歌山県海南市下津町丁《よろ》
● 福井県大野市上、中、下丁《ようろ》
● 島根県飯南《いいなん》町小田字丁《ようろ》
● 広島県北広島町丁保余原《ようろほよばら》
● 千葉県香取市丁子《ようろご》

「丁」の字は「テイ」「チョウ」の音と、「ひのと」「よぼろ」などの訓をもつ。漢字の原義は「強い、盛ん」ということらしい。転じて「壮年の男子」をも指し、中国・唐代の法制では21－59歳の、これにならった日本の律令制下では21－60歳の男性を意味していた。この層が労役を含む各種の税負担の中核をなしていたからであろう、のちには「下働きの男」をも、そう呼ぶことになる。馬丁《ばてい》は、その一例である。

日本語のヨボロは古くはヨホロと清音で発音していた。それは膝のうしろのくぼんでいる部分、すなわちヒカガミのことである。「丁」に「よほろ」の訓を当てたのは、「脚の中心」で力仕事を象徴させたのではないかと思われる。ヨホロの語源については諸説あるが、はっきりしない。

ヨホロは容易にヨウロ、ヨロへ転訛する。この変化は、むしろ必然だといってよい。これで先の地名の読み方は了解できる。しかし、そんな地名がなぜ付いたのか。

八世紀末の帝都、長岡京からは「越前国大野綱丁丈部広公」と記された木簡が出土している。「綱丁」をヨホロと読んだことは、九世紀前半成立の仏教説話集『日本霊異記』に見える「白米の綱丁《よほろ》」の表現によって確認される。このあたりの文章をもう少し引用すると、「我はこれ遠江の国榛原の郡の人、物部《もののべ》の古丸《こまろ》なり。我、世に存《ながら》へし時、白米の綱丁《よほろ》として数《あまた》の年を経たり。百姓の物、非理に打ち徴《はた》る。その罪報に由りて、今この苦を受く。願はくは我が為に、法華経を写し奉らば、我が罪を脱《まぬが》れむ」となっている（角川文庫版による）。

現在の静岡県榛原《はいばら》郡に住んでいた「白米の綱丁、物部古丸」は各地から米を集めて、おそらく国衙《こくが》（国司の役所）へ運ぶ人夫たちの長であった。ところが、何かと言いがかりをつけては非理に徴集し、百姓《ひやくせい》を苦しめていた。そのために死んだあと悪報を得たのだと『霊異記』は述べている。

『日本書紀』の武烈天皇三年十一月条には、天皇が大伴室屋大連《おおとものむろやのおおむらじ》に詔《みことのり》して、「信濃国の男丁《よほろ》を発《おこ》して、城《き》の像《かたち》を水派邑《みまたのむら》に作れ」と命じたことが見える。これは作り話ではあろうが、「男丁」と呼ばれる労働者の集団が古くは信濃国あたりにも居住していた事実があったことを示している。

長岡京から発見された木簡の「丈部広公」も、綱丁の長であったに違いない。彼らの集住地が現在の福井県大野市の丁《ようろ》であったと推定しても、べつに付会ということにはなるまい。

千葉県香取市の丁子《ようろご》は下総国の一の宮、香取神宮の一キロほど東の山すそに位置している。現在は六〇戸くらいである。同神宮の年祭（例祭。四月十四日）や大祭（式年神幸祭。午《うま》年の四月十五－十六日）の折り、神輿をかつぐのは昔から、もっぱら丁子住民の役目であった。すなわち、丁子は香取神宮に所属するヨホロの居住地に付いた地名にほかならない。近年では人手不足のため、ほかの地区からも応援が出るようになったが、ヨロ、ヨウロの地名の由来になった集団の性格を、かすかとはいえ今日に伝えているところは、全国でもここだけではないかと思う。

なお、広島県の丁保余原は、もとは丁《ようろ》と保余原《ほよばら》の二つの村であったといわれ、それを裏付けるように地内には丁と保余原の小地名が存在する。保余原の語義は、わたしにはわからない。

⓫ 白拍子（しらびょうし）

● 静岡県磐田市白拍子《しらびょうし》

これは、よほど珍しい地名のようである。いまのところ、右のほかには山口県萩・長門市境の鎖峠《くさり》から国道191号の旧道（北浦街道）を西へ一キロばかり下った、長門市三隅上《みすみかみ》の白拍子トンネルしか、わたしは気づいていない。このトンネル名は近くの小地名によっているのではないかと思うが、あたりに集落は全く見当たらず確認はしていない。

白拍子は平安時代末に出現した遊女の一種である。その名は、「白拍子」という神事から発した音曲の拍子《ひょうし》によるとされている。彼女らは男装して、その曲調の歌謡や舞いを演じた。男装の麗人ということになる。平清盛の寵愛を得た祇王《ぎおう》、祇女《ぎじょ》の姉妹や仏御前《ほとけごぜん》、源義経の愛人であった静御前《しずかごぜん》らは史上に著名な白拍子である。

むろん貴顕に近づき得たのは、ほんの一部の者にすぎない。多くは、しばしば旅に日を重ねつつ、顧客のもとへ「推参」（押しかけること）を繰り返す、しがない芸能者たちであったろう。『大乗院寺社雑事記』寛正四年（一四六三）十一月二十三日条には「七道者《しちどうもの》」として「猿楽《さるがく》、アルキ白拍子、アルキ御子《みこ》、金タ、キ、鉢タ、キ、アルキ横行、猿飼」が挙げられている。いずれも賤視の対象になっていたことは、ほかの資料によって確認できる。「アルキ」の言葉は、各地を流浪していたために付いたに違いない。

1500年ごろ成立の『七十一番職人歌合』（『群書類従』版）に見える白拍子

静岡県磐田市の白拍子は、そのような芸能者の集団が定住したことから付いた地名だろうか。

江戸時代の資料には、「平重衡《しげひら》（清盛の子）の死後、その世話をしていた白拍子、千手前《せんじゅのまえ》が当地に蟄居したことに由来する」旨の地名説話が記されている。しかし、それを裏付ける証拠は全くない。

一方、柳田國男の『巫女考《ふじょこう》』には、民俗研究者山中共古（一八五〇－一九二八年）の『見付次第《みつけしだい》』を引用して、「野《のう》筥《ばこ》（白拍子の東隣、現在は野箱と書いている。本書筆者

注）という部落があって、白拍子千寿《せんじゅ》の本尊仏を安置したという千手堂、及び千寿の墓または朝貎《あさがお》の墓などという怪しい古跡もある。また野笞という地名は昔能の面を埋めたのに基くといっている」と述べられている。これまた、すこぶる「怪しい」お話である。おそらく、その聞き慣れない地名に付会した伝説の域を出ないと思う。

ただし、白拍子が芸能者の定住による地名の可能性は、おおいにある。また、そう考えないかぎり、この地名の由来を説明することは難しい。もちろん、その白拍子は歴史に名を残すような者たちではなく、「アルキ白拍子」に類する集団であったろう。猿楽、猿飼、神子《みこ》屋敷、鉦打《かねうち》などの地名は各地に珍しくない。

⓬鰻（うなぎ）

- 岩手県葛巻町江刈《えかり》の鰻沢《うなぎざわ》
- 宮城県栗原市一迫《いちはさま》字嶋躰鰻沢《しまたいうなぎざわ》
- 山梨県市川三郷町市川大門のうなぎ沢
- 愛知県設楽《したら》町田峯の鰻沢《うなぎさわ》
- 鹿児島県指宿市山川成川の鰻池《うなぎいけ》

右のような名前は、ウナギがたくさん棲んでいたから付いたのだろうか。

鹿児島県の鰻池を除くいずれについても確かめたわけではないが、おそらくウナギの生息数とは関係がないと思う。

ウナギを神の使いとみなして捕獲を禁じ、食べることをタブーとしている（あるいは、していた）

地域は少なくない。

よく知られているのは岐阜県郡上市美並町高砂の粥川《かいがわ》である。ここでは、いつのころからかウナギがあつく保護され、明治十八年（一八八五）には捕獲した者は「本村冠婚葬祭等ノ節、交際ヲ絶ツモノトス」という地区規定さえもうけている。この精神は現在に引き継がれ、同地の「粥川ウナギ生息地」は国の天然記念物に指定されている。

宮城県大郷町石原の村社、運南《うんなん》神社は虚空蔵《こくぞう》菩薩を神体としており、氏子はウナギを食べない慣習がある。ウナギのことを仙台や福島県あたりではウナンコ、富山県ではオナンという。ウンナンもウナギを指す方言の転訛である可能性が強い。ここにかぎらず、旧仙台藩領にはウンナン神《がみ》を祀《まつ》る神社が多いが、それはウナギ神だと意識されている。

ウナギを神使とするのは虚空蔵菩薩を信仰する寺堂と、それを本地としている星宮《ほしのみや》神社に特徴的のようであり、先の粥川の氏神も星宮である。ほかにも、静岡県三島市の三島大社領でウナギ食のタブーがあったらしい。『小学館辞典』の「うなぎざわ」の項には、「鰻の禁猟になっている沢。伊豆の三島明神領など」と見えている。ただし、わたしはそのような意味での鰻沢の地名は、まだ確認していない。

明治時代末の小名木川。『新撰東京名所図会』より。

鹿児島県指宿市鰻池の名前の由来は、はっきりしている。ここは周囲四・二キロ、最大水深五六メートルの火口湖だが、ウナギと近似種のオオウナギが多く生息しているために、その名が付いたのである。すぐ西方の池田湖も、やはりオオウナギの生息地として知られている。湖岸の北東側に「鰻」集落があり、ここの住民は明治五年（一八七

二）の「壬申《じんしん》戸籍」制度の施行に当たって全戸が「鰻」姓を名乗ることを申し出ている。全員が鰻池の鰻村の鰻氏になったのである。温泉源（鰻温泉）があり、訪れる観光客も多い。

ウナギをオナギと発音するところは、東北から九州まで広い範囲に点在している。東京都江東区の北部を流れ、隅田川と旧中川を結ぶ小名木《おなぎ》川は、おそらく「鰻川」の訛りであろう。この名前の起りについては別説もあるが、「うなぎ沢」「うなぎさや堀」「うなぎ川」とも呼ばれていたことを考えると、右の解釈が最も合理的だと思う。

＊

❖地名コラム 2 ウナギの語源と方言

「ウナギ」の語が付いた地名を紹介したついでに、この言葉を通して語の音がときに激しく転訛する場合があることを示しておきたい。地名の由来を考えるとき、それは常に頭に入れておかなければならないことでもある。

ウナギは一〇世紀ごろまでは、ムナギといっていた。『万葉集』の有名な歌、

石麿《いはまろ》にわれ物申《ものまを》す夏瘦《やせ》に
良《よ》しといふ物ぞ鰻《むなぎ》取り食《め》せ（一六・三八五三）

は、その一例である。右の「鰻」は原文では「武奈伎《むなぎ》」となっている。ところが、その後の音韻変化によって、語頭の「m」音が脱落してウナギとなったのである。少なくとも文献にしたがうかぎり古くはムナギであったとするほかなく、『小学館辞典』によると、鳥取県にはムナギの方言があるという。

ウナギの語源については諸説あるが、右のような事情ゆえに、「ムナギ」の音をもとにした考察が大部分を占めている。一例を挙げると、胸が黄色いことから「胸黄《むなぎ》」の意だとするなどである。

私見は、どんな通説とも違っていて、ウナギはアナゴと同源であり、すなわち「穴に棲む魚」のことだと思う。こういえば即座に、ウナギは古くはムナギといったから、その指摘はおかしいとの反論が出ることだろう。

しかし日本語には、ある条件下で語頭の母音の前にm音が付加されたり、やがて脱落したりする傾向が見られる。例えば、いまウマ（馬）、ウメ（梅）、ウマル（生）と発音している言葉は中世にはムマ、ムメ、ムマルであった。これらは、もっと前の奈良時代まではウマ、ウメ、ウマルだったとされている。つまりウマ－ムマ－ウマのように変遷してきたのである。ウマシ（美し）－ムマシ、イバラ（茨）－ムバラ、ウバ（姥）－ムバなどにも同じことがいえる。この変化は、語頭の母音の次に来る子音が「m」「b」音のときに多く、その音に影響された結果だと考えられている。

ウナギは語頭の母音の次がn音で右の条件には合わないが、m音とn音は性質が似ている（ともに鼻音）ということはある。さらにウネ（畝）－ムネ（棟）、オネ（尾根）－ミネ（峰）、ウロ（洞）－ムロ（室）、アナ（穴）－ムナ（空、虚）が同源だとしたら、母音の前におけるm音の付加あるいは脱落の例は、もっと増えることになる。要するに、奈良時代より前には、いまと同じようにウナギといっていた可能性は、あり得ると思う。

ウナギ（u-na-gi）とアナゴ（a-na-go）とは第一、第三音節の母音が交替しているだけで、音の構造がよく似ている。

母音（ときに子音）をずらして、本質に共通性があるが少し違った意味の言葉をつくることは、日本語の特徴の一つである。「食《は》む」は、口を動かして物を食べることである。これが「噛《か》む」の子音交替形であることは、まずまちがいあるまい。そうしてハメ（マムシのこと）、ハミ（馬銜《はみ》、馬の轡《くつわ》の口にくわえさせるところ）、ハモ（鱧《はも》）、ヘミ（蛇）、カメ（亀）は両語の母音をずらしてつくられた言葉であろう。これらには「噛む」という共通の概念が含まれている。なお、方言ではマムシのことをハミ、鱧をハムといったりする例が少なくない。

ウナギとアナゴ（正式和名はマアナゴ）は、見た目がよく似ている。ともに岩のあいだや砂泥の底を棲みかとしている。アナゴが「穴に棲む魚」の意であるとすることは、ごく穏当な解釈であろう。アメゴ（アマゴ）、タナゴ、モロコ、キビナゴ、コウナゴなどコ（ゴ）を付けて呼ばれる魚は、なかなか多い。わたしがウナギとアナゴは同一語源ではないかといったのは、以上のような理由によっている。

この説の当否はともかく、ウナギには他地域の人間が聞いても、それとはわからないような方言もある。「ウナッ」「ウナヌ」「オナゴ」「オナン」「オラギ」などである。地名も古くなればなるほど、このような音韻変化をしているものがあるはずであり、いきなり現代標準語で解釈しようとすると独断に陥りやすい。

第3章　全国の「由良」海岸に共通するもの

⓭ 閖上（ゆりあげ）／小淘綾（こゆるぎ）

●宮城県名取市閖上《ゆりあげ》
●神奈川県大磯町の小《こ》淘綾《ゆるぎ》ノ《の》浜《はま》

名取市の閖上は名取川河口の右岸、仙台空港のすぐ北東にあって太平洋岸に位置している。いや厳密にいえば、前面の広浦と呼ばれる潟湖《せきこ》（ラグーン）の外側に低い砂丘がほぼ南北につづいているから、直接、海に臨んではいない。

この地形が、「ユリアゲ」の名前の起こりを何よりも雄弁に説明している。すなわち、ここは風波によって砂や漂着物が「揺《ゆ》り上げて」くる浜であった。もとは、いまの閖上地区も外海に面していたろうが、新たな砂のユリアゲで海とのあいだが遮断されてしまったのである。昔の人は、その辺のことをよく知っていて、江戸時代の文献では「淘上《ゆりあげ》浜」とか「淘揚《ゆりあげ》浜」などとも記していた。「淘《とう》」という漢字は、細かい物を水に入れて揺り動かし、異質の物を選び分けることを意味している。「淘汰《とうた》」の淘である（汰もほぼ同意）。

ユリに「閖」の国字（日本で作られた漢字）を宛てたのは、別説もあるが、おそらく砂丘にふさがれた水域、具体的には広浦を指してのことだと思う。

大磯町の小淘綾ノ浜も、相模湾に沿って弓なりに延びる海岸の中央付近に位置して、いかにも物がユリアゲてきそうな地形である。

古代の資料に「小余綾《こよろぎ》の磯」として見え、また「ユルギ」「ヨロギ」ともいい、さまざまな文字が宛てられてきた。現在では東海道線大磯駅の南方の、比較的せまい浜を指しているが、古くはずっと西の小田原市あたりの海岸までを含んでいた。その長さは一五キロを超えている。あるいは、この磯全体を「ユルギ」「ヨロギ」といっていたのが、のち東端に近い一部を「コユルギ」と呼ぶようになったのかもしれない。

宮城県の閖上。もとは外海に面していたろうが、風波が「ユリアゲ」た砂で前面に砂丘ができている（５万分の１地形図「仙台」「岩沼」より）。

地名の由来については、「綾」が絹を意味するところから、この辺の海に流れ込む川で渡来人の織工たちが絹布をさらす作業を行っていたためとか、例によってアイヌ語起源説などがあるようだ。いずれも、わたしには何の根拠もない付会としか思えない。ユルギはユリアゲの短縮形だと考えられる。古代の日本語では、yuri-age のように母音が連なった場合、別の一つの母音に変化することがよくあった。

物が多く流れ寄る浜というのは古来、人びとの注意をひかずにいなかった。海産動物であれ、流木であれ、それは思わぬ富をもたらすことになったからである。一二世紀成立の歌謡集『梁塵秘抄《りょうじんひしょう》』には、

「小磯の浜にこそ、紫檀赤木は寄らずして、ながれ来《こ》で、胡竹《こちく》の竹のみ吹かれ来て、たんなりりやの波ぞ立つ」

と見えている。

紫檀《したん》も赤木《あかぎ》も熱帯の原産であり、日本では高級木材として重宝されていた。それは小磯の浜になどは流れてこない。風波の寄せる長い海岸線に打ち上がるのが常だということであろう。

わが国の沿海には「ユラ」の付く地名が珍しくない。山形県鶴岡市由良、京都府宮津市由良、兵庫県香美町香住区油良、同県洲本市由良、和歌山県由良町、島根県西ノ島町浦郷由良、山口県周防大島町油良、愛媛県松山市由良町などである。これらも、その地形からみて先の閖上《ゆりあげ》、小淘綾《こゆるぎ》と似たような趣旨の命名ではないかと思われる。すなわち、「揺らぐ」「揺れる」の語根の名詞化である。

一方、内陸部には河川の水によってユリアゲられた平地を指すと推測される「ユリ」「ユラ」の地名が散見される。京都府福知山市三和町岼《ゆり》は、その一例である。

なお、どんな理由によるのか、沿海には「ユラ」、内陸には「ユリ」の方が断然、多いようである。

⓮ 点野（しめの）／禁野（きんや）

- 大阪府寝屋川市点野《しめの》
- 大阪府枚方市禁野《きんや》本町

あかねさす紫野《むらさきの》行き標野《しめの》行き
野守《のもり》は見ずや君が袖振る（一・二〇）

『万葉集』のこの歌は、近江（滋賀県）の蒲生野《かまふの》で額田王《ぬかたのおほきみ》が、のちの天武天皇に宛てて詠《よ》んだとされている。二人の当時の恋は、『万葉集』や『日本書紀』の記述を信じるなら、まことに微妙でまた奇妙でもあったが、ここで取り上げたいのは歌に出てくる標野《しめの》のことである。

標野は、占有の標示を付けて他人の立入りを禁止した地域を指す言葉である。すなわち「シメ」は注連縄《しめなわ》の「シメ」であり、「占《し》む」（現代語では占める）と語源をひとしくしている。皇室のそれなら、御料地ということになる。だから人目をしのぶには格好の場所だが、「野守が見ているかもしれませんよ、そんなに袖をお振りになって」と額田王が心配したのである。

なお紫野は、根から紫色の染料がとれるムラサキという草を栽培していたところである。当然、野守を置いていたろう。

寝屋川市の点野《しめの》も、右の意味での「標野」であったことは、まず疑いない。シメに「点」の漢字を宛てたのは、この字が「区切り、印《しるし》」の語義をもつからであろう。

富山県砺波《となみ》市庄川町示野《しめの》、同県南砺《なんと》市金戸字《あざ》示野、石川県金沢市示野町なども同趣旨の地名だと思われる。

また、奈良県葛城市染野も、その可能性が強い。染野は、いまは「ソメノ」としている資料が多いが、地元では「シメノ」と呼ぶのが普通のようである。池田末則『古代地名発掘』には、「金剛砂《こんごうしゃ》の産出地で、いわゆる標野・禁野でもあった」旨の記述が見える。

枚方市の禁野も一種の標野であった。

このあたりは古くは交野原《かたのがはら》と呼ばれ、すでに八世紀には鷹狩りが行われていた。それがのち禁猟区となり、「禁野《きんや》」の名が付いたのである。ここには平安末から鎌倉時代にかけて、鷹匠が居住していたことが資料によって知られる。

地名が表す意味ということでいえば、現代人にとっては「標野（点野、示野）」より「禁野」の方が理解しやすいと思われる。しかし中世以前の庶民は、ほとんどが文盲であったから、「キンヤ」などといわれても何のことかさっぱりわからなかったに違いない。漢字を音読みする地名は、室町時代ごろからぼつぼつ現れるが、「禁野」の地名が資料に初めて見える鎌倉時代や、それ以前にはかなり珍しかった。そのほとんどは仏教関連か、法律・土地制度にもとづくものであった。河内国交野郡の禁野も、役人が国家権力を背景にして作り出した人工地名であったろう。

⑮ 熊押（くまおす）／猿押（さるおす）

● 高知県安芸市奈比賀《なびか》字熊押《くまおす》、同猿押《さるおす》

北は東北から南は九州にかけての各地に、「オシ」「オス」「オソ」の付く地名がおびただしく存在する。その数は少なくとも数千になると思われるが、ほとんどが深い山中に位置している。いま、ごく一部を例示すれば、次のようなところがある。

● 山形県飯豊《いいで》町遅谷《おそだに》、同町遅越《おそごえ》
● 福島県会津美里町東尾岐《ひがしおまた》字遅沢
● 新潟県三条市遅場（旧下田《しただ》村のうち）
● 富山県南砺《なんと》市利賀村押場《おしば》
● 長野県松本市奈川字押ケ沢
● 山梨県身延町遅沢
● 静岡県浜松市天竜区水窪町地頭方《じとうかた》字押沢
● 山口県周南市鹿野上字獺越《おそごえ》

寛政11年（1799）発行の『日本山海名物図会』に見える熊用のオスの図。この絵は、あまり写実的とはいえないが、おおよその構造は理解できる。

●高知県仁淀川町遅越

●宮崎県椎葉村松尾字啞谷《おしだに》

　これらを仮に「オス地名」と呼ぶとすれば、その由来をさぐるためにはオス（オシ、オソとも）という狩猟装置のことを知っておかなければならない。

　オスの仕掛けにはいくつものタイプがあるが、重しの石を乗せた釣天井のような木組を一本の支柱でささえておき、その下に張った「蹴綱《けづな》」に動物が触れると、天井が落ちてきて下敷きになる仕組みを基本にしていた。ひとことでいえば、圧殺罠《わな》である。オス、オシ、オソなどは「押しつぶす」ことを意味している。オスは地方によっては「ヒラ」とも「ヤマ」ともいい、捕える動物は熊、イノシシ、鹿、カモシカ、狼、タヌキ、キツネ、猿、ウサギなどからキジ、ヤマドリのような鳥類も対象にしていた。

　オスは昭和三十年代半ばごろまでは、日本中の山村の暮らしに広く深く根づいていた。

わたしは同六十一年の秋、狩猟習俗の聞き取り調査にあちこちの山間を歩いたが、中年以上の、とくに男性でオスのことを知らない人は、まずいなかったといってよいほどだった。ある時代までは、それくらい普遍的な狩猟手段であった。ただし、おおっぴらに語られることは、あまりなかった。大型獣用のものは、危険なため禁止されていたからである。

オシという言葉は、『古事記』にすでに見えている。「押機《おし》」「押《おし》」の字を宛ててある。神武天皇が東征の途中、大和国宇陀《うだ》で兄宇迦斯《えうかし》、弟宇迦斯《おとうかし》の二人に服属を求めた折り、兄宇迦斯が神武をあざむき圧殺しようとして作ったとされている。落とし穴のように跡が残らないので断定はできないが、オス自体はおそらく縄文時代にもあったと思う。

その起源が遠く、かつ山の生活に欠かせなかったことから考えて、オスに由来する地名が山中深くにおびただしいことは、むしろ当然であろう。高知県安芸市の、いまはもう一戸の民家もなくなった山奥に相並んで残る熊押、猿押の小地名は、オスを念頭に置けば簡単に了解でき、そうしないかぎりは解釈は不可能だといっても過言ではない。

なお、オソゴエ（遅越、獺越など）については、何人かの有力な地名研究者が凹状《おうじょう》地形や窪地を指す「ウツ」「ウト」との関連を指摘しているが、わたしは違うと思う。

オスはよく尾根筋の鞍部に設けられた。そこがしばしば、動物たちの通り道（ウジと呼ぶ地方が、とくに西日本に多い）になるからである。オスを掛ける、そのような峠越えにオソゴエの名を付けたのではないか。動物にかかわる場所であることを知っていたからこそ、オソに近い音をもつ「獺《うそ》」（カワウソのこと）の漢字を宛てる場合もあったと考えられる。

⑯ 左沢（あてらざわ）

●山形県大江町左沢《あてらざわ》

これは古くから知られた難読地名の一つである。近ごろでは、ひとことでいえば「アチラ沢」の訛り、すなわち「向こう側の沢」の意だとする説が有力視されている印象があり、わたしなども長いあいだ簡単に、そう考えていた。

地名には原義と無縁の宛て字を用いることが少なくない。これまでに挙げたものの中からひろえば、由比《ゆい》、坂下《ばんげ》、枝幸《えさし》、幽ノ沢、責《せめ》、小名木《おなぎ》、遅越、啞谷など、みなその例である。だから地名の意味を知ろうとするときは、いったん漢字をはなれ、その音を問題にすることが地名研究の、いわば常識となっている。

左沢と同じ、「アテラ」の音をもつ地名は、各地になかなか多い。いま、その一部を例示すれば、次のようなところがある。

●栃木県太田原市南方《なんぼう》字阿寺
●茨城県常陸太田市上高倉町字安寺
●新潟県南魚沼市舞台阿寺沢、同阿寺山
●長野県大桑村野尻阿寺
●山梨県甲斐市安寺（旧敷島町のうち）
●静岡県浜松市天竜区阿寺字阿寺
●愛知県新城市下吉田字阿寺

右はいずれもかなりの山中に位置し、地形図と資料によっても未開墾か、遅れて開発された場所であることがわかる。つまり、比較的はやく人が住みついたところから見れば、いかにも「アチラ」といった地域である。「おちかた」の「おち」、「おち、こち」の「おち」（遠）が指す語感に近い。日本語のチ chi の音は、古くはティ ti と発音していた。だからアチラ（アティラ）とアテラは、母音交替の一例にすぎない。ラは接尾語であり、アテ、アチ、オチの語源は同じだと思う。

以上のことから考えて、多くの「アテラ」は、より早く開けた土地から見れば、「あちらの方」を意味する地名だと解釈するのが合理的であろう。それでは山形県の左沢も、これだといえるのか。そう判断するには、いくつかの疑問がある。

左沢城（楯山城）跡から望む最上川の流れ。右手が左沢の町。ここで川が180度、向きを変えている。

①ここには一四世紀の南北朝期に、大江氏が左沢城を築いている。すなわち、かなり早い時期から一帯の中心地であった。②左沢の名をもつ沢は存在しない。「あちらの沢」と呼ぶべき流れが見当たらないのである。③知られるかぎりの昔から、ある一小地域を指す地名であった。つまり月布《つきぬの》川が最上川に合流するあたりを左沢といっていた――などである。
現地を訪ねるとよくわかるが、左沢にはきわめて顕著な地形上の特徴がうかがえる。ほぼ北上してきた最上川が、ここでヘアピン状に屈曲し一八〇度、向きを変えているのである。川筋が変わりやすい平野部ならともかく、山間にあって、これだけの幅と水量をもつ河川が、こんなに急激にカーブしているところは、めったにないと思う。ここは古くより舟運上の難所であり、また簗《やな》

（川魚を捕るための装置）の設置場所として重要であった。

このような地形に、それにもとづく名前が付かないことなど、ほとんど想像しがたい。いや、ちゃんと名前は付いていた。それが左沢である。私見では、左沢とは「あちらの沢」のことではなく、「沢があちらの方（反対方向）に向きを変えるところ」の意である。そう考えたら、先の疑問も自然にとけることになる。

なお、「アテラ」に「左」の漢字を宛てたのは、「右」を正統すなわち「こちら」とみなし、それに対して「あちら」の意を込めたのであろう。そこには左利《ひだりき》き－少数派－向こう側の意識が、はたらいていたに違いない。秋田市雄和《ゆうわ》萱ケ《かやが》沢《さわ》字西風沢《あっちざわ》なども同じ発想の宛て字だと思われる。東風のことを「こち」というが、それに対する「あっち」である。

⓱ 遠敷（おにゅう）

●福井県小浜市遠敷《おにゅう》

ここを中心とする古代の遠敷郡は、若狭の国府・国分寺・一ノ宮（若狭彦《わかさひこ》神社）の所在地で、きわめて早くから開けた土地であった。それだけに奈良の藤原京や平城宮跡などから、この地のことを記した木簡が数多く見つかっている。その木簡によると、和銅五年（七一二）十月までは「小丹生《おにふ》」と書かれ、翌年のものから以後は「遠敷」（音読みしてオンフ）に変わっている。同六年五月に元明《げんめい》天皇が諸国の郡・郷名には好字をつけることを命じた、いわゆる「好字令」（次の「地名コラム」[3]で詳述）に従い、表記文字を改めたのである。

「ニウ」「ニュウ」の音をもつ地名は、いまも各地に少なくない。だいたいは「丹生」の漢字を宛て、ほかの用字も見られる。次の例は、そのごく一部である。

●山形県尾花沢市丹生
●群馬県富岡市上丹生、下丹生
●千葉県南房総市富浦町丹生
●新潟県佐渡市入川《にゅうがわ》
●三重県多気町丹生
●奈良県下市町丹生
●徳島県那賀町仁宇、小仁宇《こにう》

徳島県阿南市水井町に残る水銀鉱の跡。戦後まで採掘していた。

●愛媛県西条市壬生川《にゅうがわ》
●大分市丹生

「ニ」は元来は、「赤」「赤い」を意味する古語である。いつとも知れないころから、「赤土」のことも、そういっていた。「フ」は何かが生えているところ、何かを産出する場所のことである。のち語中、語尾にあっては「ウ」の音に転訛する。ハ行音がワ行音に変化する現象を「ハ行転呼」という。

地名ではほとんどの場合、「ニフ（ニウ、ニュウ）」は特別の赤土、すなわち辰砂《しんしゃ》の産出地を指している。辰砂は水銀の原料で、赤色を帯びているからである。右に挙げたうち、三重県丹生の丹生大師近くでは、現在も赤茶色の土が露出しているところが散見される。

ニウ、ニュウの名が付く土地には、しばしば丹生神社が祀《まつ》られている。それは水銀鉱で働く人びとが斎《いつ》いた神社であった。奈良県・吉野の丹生川上神社などが有名であるが、遠敷にもJR東小浜駅の北東、太良庄《たらのしょう》に丹生神社がある。

日本の水銀鉱は一般に産出量が少なく、たいていは採りつくしていて、どこが鉱山であったのかわからないことが多い。遠敷も、その例に漏れない。旧表記「小丹生」の「小《お》」は美称だとする説もあるが、「小規模」を意味していた可能性もある。同じ福井県の福井市には大丹生《おにゅう》町、小丹生《こにゅう》町の地名が隣り合って現存するし、先に例示した徳島県那賀町の仁宇と小仁宇は那賀川をはさんで相対している。仁宇、小仁宇は、弥生時代から古墳時代にかけての辰砂採掘跡が残る若杉山遺跡や、明治中期には日本一の水銀鉱として知られていた水井《すい》鉱山のあった阿南市水井町から三－四キロしか離れていない。

なお「小丹生《おにふ》」に、音読みで「遠敷《おんふ》」となるはずの漢字を宛てたのは、今日からみるとやや不自然な感じがするかもしれないが、「ニ」と「ン」を通じさせた例は丹波（タニハ－タンバ）、難波（ナニハ－ナンバ）などほかにもある。ただし、「遠敷」を好字だと考えたことについては、わたしには少し妙な気がする。

⑱ 生野（いくの）／千歳（ちとせ）

● 兵庫県朝来《あさご》市生野《いくの》町
● 北海道千歳《ちとせ》市

生野は、べつに何の変哲もない地名だといえるかもしれないが、もとは「死野《しにの》」と呼んでいたとなると、話は少し違ってくる。八世紀前半に成立した『播磨国風土記』の「神前郡《かんざき》」の条には次のように見えている。

生野と號《なづ》くる所以《ゆゑ》は、昔、此處《ここ》に荒ぶる神ありて、往来《ゆきき》の人を半《なか》ば殺しき。此《これ》に由《よ》りて、死野《しにの》と號《なづ》けき。以後《そののち》、品太《ほむだ》の天皇《すめらみこと》、勅《の》りたまひしく、「此《こ》は悪《あ》しき名なり」とのりたまひて、改めて生野と為《な》せり。（読みは『日本古典文学大系』本による）

ここには昔、荒神《こうじん》が住んでいて往来の人の半分を殺したから「死野」といっていたが、品太の天皇（応神天皇）が勅命を下して「生野」に改めたというのである。

死野の地名の由来については、のちの生野鉱山と結びつけて考える説が一般的のようである。例えば、角川書店の『日本地名大辞典』は、「鉱脈の露頭周辺にはカナ草（ヘビノネゴザ）以外の植物が生育しない荒地であった景観から死野と称されたことが考えられる」としている。

たしかに生野は、とくに銀山で知られた著名な鉱山であったが、その開発は一六世紀半ばのことであり、ごく新しい。それまでは生野の鉱山について述べた記録は、何も残っていない。これは単に文献がないのではなく、実際に鉱山として利用されていなかったからだと思われる。もし見た目で気づくほど鉱脈が露出していれば、もっと早い時代に鉱山師たちが発見していたはずである。『播磨国風土記』も、ここの鉱山には全く触れていない。つまり、「鉱脈の露頭」うんぬんは疑わしいことになる。

生野は中国山地の分水嶺に位置するのみならず、播磨国と但馬国との境界に当たっている。典型的な「境の地」であった。そういうところには「塞《さえ》の神」が住み、その神は機嫌がよければ外敵・病魔の侵入を防いでくれるが、何かの拍子に気分を害したら人びとに凶事をもたらす、これが太古からの日本人（だけではないだろうが）の信仰であった。『風土記』の文章も、その辺のことを語っているのである。
ただし同書が、ここのもとの名を「死野」だと述べていることについては、わたしは半分くらい疑っている。これは『播磨国風土記』の編者が、「生野」の地名の由来を説明するために考えだした創作かもしれないと推測しているのである。「イク」の付いた地名は各地になかなか多いが、「シニ」を冠したものはほとんど見当たらない。境の地を「シニ何々」と呼ぶ習いがあったのなら、もっと多くの例が残っていいそうなものである。とはいえ、この疑問には証拠もないので、あくまで「ひょっとしたら」という程度の話にすぎない。

北海道の「千歳」は、いかにもめでたそうな地名だが、古くは「シコツ」といっていた。シコツは、むろんアイヌ語である。既述の知里真志保『地名アイヌ語小辞典』によると、この言葉は「大きい窪地、大谷」を意味するという。

これを日本人が耳にすると、その音から「死骨」を連想しがちである。それで文化二年（一八〇五）、当時の箱館奉行が、まず「シコツ川」を「千年《ちとせ》川」に改めている。一帯にはツルが多く生息していたことから、「鶴は千年」にちなんだといわれる。

江戸時代には全国一をほこったこともある生野銀山跡の入り口。昭和48年に閉山し、現在は一部を公開している。

これが今日の千歳市、千歳川、新千歳空港などの名前の起源である。しかし支笏《しこつ》湖だけはなぜか、もとのままに残された。わたしなどは、こちらの方が北海道らしくてよいと思う。あれが「千歳湖」では、さまになるまい。もっとも「シコツ空港」としていたら、早晩、改名が問題にされるのは避けられなかったろう。

縁起をかついだ改名の例は、ほかにも珍しくない。

越前福井藩の城下町、現在の福井市中心部は寛永元年（一六二四）まで「北庄《きたのしょう》」と称していた。その「北」が「敗北」に通じるとして「福居」の名が採用され、のち表記が「福井」に変わって今日に至っている。

飛騨国（岐阜県）の「吉城郡《よしき》」は、鎌倉時代までは「荒城郡《あらき》」であった。そのあと吉城、荒城の呼称が併存し、江戸時代になって前者に統一されている。

＊

❖地名コラム 3 好字への変更

地名の改変は、すでに八世紀以前から国家の政策として行われていた。

それを裏付ける資料上の初見は、『続日本紀《しょくにほんぎ》』が記す元明《げんめい》天皇治政下の和銅六年（七一三）五月甲子《きのえね》（二日）条の、

　畿内七道諸国ノ郡郷名ハ着ケヨ㆓好キ字ヲ㆒

の一文である。

次いで一〇世紀に成立した『延喜式』の「民部省上」に見える、

　凡《およそ》諸国部内ノ郡里等ノ名、並《みな》用ヒ㆓二字ヲ㆒、必ズ取レ㆓嘉キ名ヲ㆒

がある。

ただし『延喜式』は、これ以前のある時代に発せられた法令を集大成したものだから、右の規定がいつ、どんな状況で公布されたのか、はっきりしない。それは、ひょっとしたら和銅の、いわゆる「好字令」を指している可能性もある。

右の二例は、いずれも郡・郷・里の名に対する規定だが、記録こそ現存しないものの、国名についても同様であったことは、まず疑いあるまい。より小単位の用字に統一を求め、国名はそのままにしていたとは考えられないからである。事実、六六（八二四年以前は五八）の旧国名は、みな二字で表記されている。そうして、明らかな悪字は含まれていない。「无《む》邪《さ》志《し》」（『古事記』）、「牟《む》射《さ》志《し》」（『万葉集』）が「武《む》蔵《さし》」に、「木国」「紀国」（『古事記』）の木、紀が「紀伊」になったのも、そのような要請の結果であろう。

地名の表記には、できるだけ縁起のよい字二つを宛てるべきだとの気分は、その後もずっと保たれつづけていたように思われる。前節で例示した生野（もとは死野が事実だとしてだが）、千歳、福井、吉城などは、それを反映している。

「日本の地名には意味不明のものが多すぎる」というのは、内外の観察者の古くからの指摘である。それにはさまざまの理由が考えられるが、文字の改変も重要な原因の一つであった。

島根県東部の宍道《しんじ》湖に浮かぶ嫁ケ《よめが》島《しま》は、小さいながら湖中で唯一の島である。この名前の由来について、現行の音と表記をもとにいくら頭をひねってもわかるまい。

八世紀の『出雲国風土記』には、同島は「蚊《か》島《しま》」と記されている。これが本来の名前であった。しかし、それはあんまりぱっとした表記ではない。だから、いつのころか不明ながら「蚊」の字を同じ音で、もっと縁起のよさそうな「嫁」に変えたと推定される。そうして長い時間がたつあいだに、「嫁《か》島《しま》」の読み方が「ヨメシマ」「ヨメガシマ」へ移ったに違いない。

享保二年（一七一七）成立の『雲陽誌』では「婦島」となっているが、これはヨメシマかヨメガシマと読んだのではないかと思う。現在の「嫁ケ島」に文字と発音が固定したのは、明治になってからのようである。ただし、それがいつのことか判然としない。

……

いずれであれ、もし『風土記』の記載がなかったとしたら、その名前の起源をめぐって、いくつもの珍説、奇説が提起されていたことだろう。

第4章　「美守《ひだのもり》」は『魏志倭人伝』につながる

⑲ 厳木（きゅうらぎ）／教良石（きょうらいし）

- 佐賀県唐津市厳木《きゅうらぎ》町
- 山梨県北杜市白州《はくしゅう》町教良石《きょうらいし》（上《かみ》と下《しも》に分かれる）

「厳木」という読み方も意味も難解な地名の由来については諸説あるが、幕末に成立した『松浦記集成』には次のように述べられている。

厳木、是はきうら木と唱へ来ること。松浦川の西厳木の内に古楠の大木、開闢以来と言ふやうなる大木ありしを倒したる時、川を越えて、東に渡り、今の厳木の村に及びけることとなり。人の荘厳なる如く、厳く厳くしかりし木なるが故に村名に呼べり。

この地にあったクスの巨木が「厳《いか》しかった」ので、「厳木」の文字を宛てたのだとしている。しかし、それを「きうら木」と読んだ理由は記していない。

柳田國男が『地名の研究』ですでに指摘しているように、「きうらぎ」「きゅうらぎ」は「清《きよ》ら木《ぎ》」、すなわち信仰の対象になっていた聖樹だとする説が最も妥当である。

ある特定の樹木（巨木のことが多い）を神聖視する習俗は、遅くとも縄文時代には始まっていた。

樹種は時代により、地域・集団によってさまざまだが、西日本の平野部ではクスが、しばしばその地位を占めていた。クスは暖帯性であり、かつ長命で温暖な地方ではとてつもない巨木に成長することがよくある。一九九一年に環境庁がまとめた「日本の巨樹・巨木林」調査では、全樹種を含めた巨木リストで上位一一本（一〇位が二本ある）中、実に一〇本がクスであった。

そのような巨木は神そのものとしてあがめられ、いまも土佐あたりでは「楠神さま」「楠《くすのき》さま」の言葉が使われ、それは地名にもなっている。聖樹を「清ら木」とも呼んだことは、各地に残る地名によって確認できる。この語に「厳木」の漢字を宛てたのは、『松浦記集成』が説明しているとおりであろう。

ＪＲ厳木駅の北西一・五キロほどの小村、楠《くす》には「清ら木」の残り株が現存している。それは同地の氏神、楠神社に祀《まつ》られている。クスの巨木の根元付近とおぼしき部分で、いつとも知れないころに枯れていたが、文政年間（一八一八－三〇）の初め、この地を訪れた幕府の代官が、その株が残っていることを耳にし神木とするようすすめたことがきっかけだとされている。楠の地名はむろん、巨木がそびえていた時代に付いたに違いない。

楠（くす）村の楠神社に残るクスの巨木の根元付近。神体として祀られている。

厳木は江戸時代には、「木浦木」と表記されたこともあった。これから考えて、宮崎県小林市大字東方字木浦木《きうらぎ》も同趣旨の地名であろう。さらに熊本県上天草市松島町教良木《きょうらぎ》もこれであり、その音は「清ら木」にいっそう近いといえる。

「清ら木」はもちろん、九州以外にもあった。島根県安来《やすき》市と東出雲町との境の京羅木《きょうらぎ》山（四七三メートル）は、その一例である。また、この言葉は「コウロギ」と訛ることもあったらしく、広島県庄原市東城町帝釈宇山字香路木、石川県加賀市山中温泉こおろぎ町、秋田市寺内香爐木橋などは、それである可能性が強い。各地のコウロギにはよく、昆虫のコオロギと結びつけた地名説話が聞かれる。

聖樹が「清ら木」なら、霊石は「清ら石」である。山梨県北杜市の教来石、福島県鏡石町の久来石《きゅうらいし》などの例がある。

三重県大台町大字大杉字京良谷《きょうらだに》も、何らかの理由で神聖視されていた土地ではなかったかと思われる。

⑳ 城下（ねごや）

● 千葉県匝瑳《そうさ》市飯高《いいだか》字城下《ねごや》

右の「城下」は、「じょうか」でも「しろした」でもなく、「ねごや」と読む。

ネゴヤとは、主に中世後期の山城あるいは平山城《ひらやまじろ》（比高差一〇〇メートル以下の山城）の下に形成された家臣たちの居住地域を指す言葉である。したがって「根小屋」とでも書くのが適当だが、この例は漢字の音訓を全く離れた、意味のみにもとづく表記ということになる。難読地名にはときどき見られるタイプである。人をとまどわせるものの、地名の由来を知る手がかりを与えることも少なくない。

ネゴヤ地名は、すでに消滅して資料にのみ現れるものも含めたら、おそらく百カ所を超すだろう。次は、そのごく一部である。

● 秋田県北秋田市米内沢《よないざわ》字根小屋

・福島県南会津町田島字根小屋
・茨城県石岡市根小屋
・千葉県八街《やちまた》市根古谷
・埼玉県吉見町北吉見字根古屋
・栃木県那須塩原市宇都野字根古屋
・群馬県下仁田町西野牧字根小屋
・神奈川県相模原市緑区津久井町根小屋
・新潟県糸魚川市根小屋

千葉県匝瑳市の城下（ねごや）集落。背後の丘は飯高城跡で、空堀も残っている。現在は日蓮宗飯高（はんこう）寺の境内となっている。

・山梨県北杜市須玉町江草字根古屋
・静岡県沼津市根古屋
・愛知県新城市豊島字根古屋

このほかの例も含めて、わたしが確かめたかぎりではネゴヤのわきには必ず中世の山城跡が残っている。つまりネゴヤの意味は、はっきりしている。

この地名についての不審は、むしろその分布にある。東日本に偏在しており、とくに関東地方に多い。その西限は愛知県のようである。これは、なぜなのか。

答は結局、ネゴヤの語が関東地方と、その周辺の方言であったことに求めるほかあるまい。言葉が地名として定着するためには、だれにでも理解される必要がある。西日本では、もともとネゴヤが日常語として存在していなかったか、いたって耳遠い言葉だったのではないか。

西日本にももちろん山城はあり、その麓には家臣団の屋敷があった。当然、そのような場所に付いた地名はある。これはいろいろあって、四国や山陽道では「土居《どい》」というのが非常に多い。それは元来、土塁で囲まれた居住域を意味し、言葉としても地名としてもネゴヤよりかなり古いと思う。岡山県あたりには同趣旨の地名で「山下《さんげ》」がある。九州の中北部には「城《じよう》」が散見され、南九州では「麓《ふもと》」が、しばしばそれに当たっている。

東日本でも東北地方では、ネゴヤより「館《たて》」が一般的で、この地名はかなり広い範囲に及んでいる。「堀の内」も命名の動機は違っていても、だいたいは山城のそばに位置するようである。

以上いずれについても、その分布は例示した地域にかぎられるものではない。

㉑ 美守（ひだのもり）

●新潟県妙高市美守《ひだのもり》

これは地名というものが、長いあいだには、ときに後人の解釈を寄せつけないほど激しく変化することを示す好例だといえる。ただし、ここの場合は、たまたま記録が残っていたため、その変遷の跡をたどることが可能である。

この地名は、とても古い。奈良・正倉院宝物中の天平勝宝年間（七四九－七五七）の庸布《ようふ》（現物納租税の一種、庸として納めた布）に「越後国久疋《くびき》郡夷守《ひなもり》郷」うんぬんと墨書されている、その「夷守」のことである。

それが、なぜ現在のような「美守《ひだのもり》」に変化したのか。それにはまず、文字の誤写があった。「夷」

と「美」とは文字をくずした場合、形がよく似ている。そのため、より身近な「美」とまちがえられて伝わったのである。

それとともに「ヒナモリ」から「ヒダモリ」への転訛が起きた。一〇世紀成立の『和名抄』には「夷守」と書いて、「比奈毛利《ひなもり》」（高山寺本）または「比奈毛里《ひなもり》」（東急本）の訓が付されている。当時は、まだ奈良時代と同じ字と読みであったことになる。ところが一六世紀の資料では、「比田森」「ひたもり」（昔の文書では、ふつう濁点は用いなかった）と変わっている。つまり、右の何世紀かのあいだに一部の音が訛ったのである。

さらに近くの錦村など一六カ村が明治二十二年（一八八九）に合併した折り、古代の郷名を継いで「美守《ひだもり》村」を称したため、これと区別する必要上、読みをヒダノモリとして現在に至っている。美守村の方は昭和三十年、三和村の一部になって地名は消滅、郵便局や小学校にその名をとどめるだけになった。

ヒナモリは、文献で確認しうる最古の日本語の一つである。陳寿（二九七年没）編の中国の史書『魏志倭人伝』に、「卑奴母離」の文字を用いて四カ所に見えている。これをヒナモリと読むことについては異説がないようである。

同書によると、三世紀の半ば九州の「対馬国」（現長崎県）に、「卑狗」（彦《ひこ》の意か）という「大官」と「卑奴母離」と呼ばれる「副」がいた。さらに、

- 「一大国」（一支国の誤記。すなわち長崎県の壱岐《いき》島）に「官－卑狗、副－卑奴母離」
- 「奴《な》国」（いまの福岡市博多区付近）に「官－兕馬觚、副－卑奴母離」
- 「不彌国」（福岡県宇美市付近か）に「官－多模、副－卑奴母離」

がいた、となっている。

右の「大官」「官」に当たる役職の読み方については諸説あるが、ここではそれに触れる必要はあるまい。いま取り上げたいのは「副」のことである。いずれも同一用字で安定しており、その意味は現代日本語でも十分に了解できる。すなわち、ヒナとは「鄙《ひな》にはまれな美人」などというヒナで、辺境のことである。モリは「守《もり》」だと思われるから、ヒナモリは「辺境を守衛する者」の意になる。副長官にふさわしい役職名だといえるだろう。

そのような地位の者が執務し、居住していた場所にヒナモリの地名が付くことは、おおいにあり得る。『日本書紀』景行天皇十八年三月条には、

天皇《すめらみこと》、京《みやこ》に向《いでま》さむとして、筑紫国《つくしのくに》を巡狩《めぐりみそなは》す。始めて夷守《ひなもり》に到《いた》る。

とある。

景行は実在が疑われており、右のくだりが史実の可能性は、まずない。しかし、『書紀』が成立した七二〇年より以前に、九州のどこかに「夷守」の地名があったことは確実である。一方、一〇世紀の『延喜式』兵部省の部に「日向国夷守駅」が見える。宮崎県南西部に位置する小林市には夷守岳《ひなもりだけ》（一三四四メートル）や、夷守の小地名（同市細野）があることなどから、『書紀』の「筑紫国夷守」は小林市あたりにあったと推定されている。

新潟や宮崎に残るヒナモリ地名は、『魏志倭人伝』の該当部分の信憑性を裏付けている。これは単に古代史の一局面を明らかにするだけではない。

三世紀の半ばは古墳時代の前期に当たるとともに、弥生時代の後期に属している。双方の境めの時期である。ヒナモリは、その当時の日本語が今日のそれと基本的には変わらないことを傍証する言葉である。これは弥生時代の列島の言語が、現代日本語につながっている一つの証拠だといえる。

㉒ 泪橋（なみだばし）／思案橋（しあんばし）

●東京都荒川区と台東区の境の泪橋《なみだばし》
●同品川区の泪橋《なみだばし》
●福島県会津若松市の涙橋《なみだばし》
●鹿児島市の涙橋《なみだばし》
●東京都中央区の思案橋
●福井県坂井市の思案橋
●長崎市の思案橋
●沖縄県那覇市の思案橋

右の四つの泪橋（涙橋）は、いずれも江戸時代の刑場跡の近くに位置している。すなわち処刑の日を迎えた罪人が、家族や見送る人びとと最後の別れを惜しむ場所であったことから付いた名前である。ちなみに新宿区早稲田の面影橋《おもかげばし》は、刑場に向かう罪人が川面に映る自分の姿に別れを告げたことに由来する。

東京都荒川・台東区境の泪橋は小塚原刑場の南方を流れる思川《おもい》にかかっていたが、いまは川も橋もなくなった。ただ交差点名などとして残り、そこが東京最大の日雇い労働者たちの街「山谷《さんや》」の一角を占めているため、「山谷」（これも現在では通称である）の代名詞のように使われることもある。

品川区のＪＲ大井町駅南東で立会川にかかる泪橋は、長さ九メートルほど、南側にあった鈴ケ森刑場への通路に当たっていた。いまは一般に浜川橋と呼ばれている。

福島県の涙橋は、ＪＲ会津若松駅の西二キロたらず、黒川にかかっている。柳橋の別称があるのは、橋のたもとのヤナギによっている。下流に薬師堂河原の刑場があった。

鹿児島市の涙橋は県庁の西一・五キロくらい、市電涙橋停留所のすぐわきにあって、新川にかかっている。罪人を見送る人びとは、この橋から先へは行けなかった。文字どおりの別離の場であった。

一方、四つの思案橋はみな、かつての遊郭に隣接していた。順に挙げると東京－元吉原、福井－滝《たき》谷《だに》、長崎－丸山町、沖縄－渡地《わたんじ》である。これからも想像がつくように、「遊冶郎《ゆうやろう》」（江戸時代には、遊郭に出入りする者をよくこう呼んだ）が、あるいは馴染《なじ》みの女を思い、あるいは家計を心配したりしながら、しばし橋上で迷ったことによって付いた名前である。

東京と福井には、「わざくれ橋」の別称もあった。「わざくれ」は、「ままよ、どうとでもなれ」の意である。長崎のそれは周知のように、『思案橋ブルース』の流行歌で広く知られるようになったが、橋は現存しない。沖縄・那覇の思案橋は、「行《い》かもどろかしあんばし」などと、「琉歌《りゅうか》」（古い時代の沖縄のはやり歌）にしばしば登場しているという。

会津若松市の涙橋。同市橋本と神指（こうざし）町黒川との境になる。

高知市水通《すいどう》町の思案橋は、「公道で車がすれ違うことができる」という条件を設ければ、日本で最も短い橋かもしれない。なにしろ、幅四メートル強に対して長さが一・五メートルばかりしかない。毎日、車で渡っていても、そこが橋であることに気づいていない人も多いのではないか。

ここも、かつての遊郭、玉水新地の東の入り口に当たっている。しかし、この名前はどうも、それとは関係がないようである。遊郭が形成される二百年以上も前の江戸時代前期に、すでに「思案橋番所」が存在していたからだ。城下へ入るに際し、ここで道が三本に分かれており、北へ向かうか南へ行くか、中の道をとるか思案したために付いたとされている。

「思案橋」の名は右以外にも各地にいくつもあって、必ずしも旧遊郭に接しているわけではない。その場合、橋の詰めで道が分岐していることが、よくあったらしい。すなわち、高知市と似たような由来による命名だと考えられる。

㉓ 下呂（げろ）／上呂（じょうろ）／中呂（ちゅうろ）

●岐阜県下呂《げろ》市萩原町上呂《じょうろ》、同町中呂《ちゅうろ》

下呂市を北から南へ向かって貫流する飛騨川沿いに、上流から上呂、中呂、下呂とほぼ等間隔に並んでいる。ただし現在、下呂のみは市内の地域名としては使われていない。下呂温泉や、ＪＲ高山本線下呂駅の所在する森地区あたりの通称地名である。

しかし、いずれであれ、三つがこうつづくと、「呂《ろ》」の語に何か意味がありそうに思えてくる。ところが、これが全く違う。『続日本紀』宝亀七年（七七六）十月八日条に次のように見えている。

美濃国菅田駅、与㆓飛騨国大野郡伴有駅㆒、相去七十四里、巌谷険深、行程殊遠、其中間量置㆓一駅㆒、名曰㆓下留㆒。

菅田《すがた》駅と伴有《とまり》駅とは七四里（古代の一里は六町すなわち約六五四メートルだったから、四八キロほどになる）も離れているうえ、途中の岩場、谷間が険しく深いので、その中間に新たに一駅を置いて「下留《しものとまり》」と名付けるというのである。

菅田《すがた》は今日の下呂市金山町菅田、伴有《とまり》は萩原町上呂、下留は下呂のことだとして異説を見ない。伴有《とまり》は古代の官道（この場合は東山道飛騨支路）の駅家《えきか》（駅《うまや》とも）に由来する地名に相違なく、元来は「泊」「留」とでも書くのが適当であろう。「伴有」は、「好字令」による用字だと思われる。下留《しものとまり》の名ができると、その上流の留《とまり》に「上《かみ》」が冠称されるようになるのは、ごく自然なことである。その際、「上伴有」としなかったのは三字を避けたためか、もともと地元では留と書きつづけていたからではないか。

上留、下留は、やがて「ジョウル」「ゲル」と音読みされ、さらに「ジョウロ」「ゲロ」と訛ったと推測されている。中呂の地名が発生したのは上、下の留が音読みに変化したあとのことか、それともまず中留《なかのとまり》となって、そののち音読みに移ったのか判然としない。

シモノトマリなどがゲルまたはゲロのように変わったのは、いつごろのことだろうか。

一〇世紀の『延喜式』では、まだ「上留《かみのとまり》」「下留《しものとまり》」としていた。それが金山町祖師野《そしの》の八幡神社所蔵の『大般若経』奥書きには、「元亨二年（一三二二）」「萩原郷中呂」の文字が現れている。また旧下呂町夏焼《なつやけ》の白山神社に残る、やはり『大般若経』の奥書きに「応永十九年（一四一二）」「益田郡下呂郷」と見えている。これらから考えて、右の期間中に地名の交替が起きたことは、まずまちがいあるまい。

ただし、それが広く一般住民にまで及んでいたかどうか大いに疑問である。シモノトマリからゲロへのような変化は、漢字を介しないかぎり理解できない。当時の民衆のほとんどは文字が読めなかったから、シモノトマリのことをゲルとかゲロとかいわれても、ぴんと来なかったろう。用字と読み方の改変は、おそらく仏教の僧侶あたりが始めたのではないか。初期の音読み地名を裏付ける文献が、右の二例を含め、いずれも写経資料に偏っていることは、その点で象徴的である。

㉔ 風呂ケ浴（ふろがえき）／桑林（くわぶろ）

●山口市徳地町岸見字土井小字風呂ケ浴《ふろがえき》
●大分県豊後大野市緒方町大化字風呂ノ元《ふろのもと》
●徳島県小松島市櫛淵《くしぶち》町字風呂ケ谷《ふろがたに》
●香川県東かがわ市水主《みずし》字風呂《ふろ》
●三重県玉城町積良《つむろ》字小風呂《こぶろ》
●岡山県真庭市月田字桑林《くわぶろ》

「風呂ケ浴」って、「風呂を浴びる」という言葉と何か関係があるのか、と思われる方もいるかもしれない。答は、全くないわけでもない、とでもなるだろうか。

山口市徳地町の風呂ケ浴には、現に古風な風呂が存在する。地名はそのために付いたのだが、ここの風呂は今日、われわれが普通にそう呼んでいるものとは違っていて、石風呂すなわち蒸し風呂である。そもそも風呂とは元来、サウナを指す語であって、いまのような風呂は中世までは「湯」といっていた。つまり風呂と湯とは全く別物で、風呂の場合は浴びようがない。そうするのは湯の方であった。

「エキ」とは、谷筋のいちばん奥まったところを指す地形語である。この語の分布は中国地方の西部にかぎられているようであり、とくに山口県に目立っている。そこでは「あそこのエキ」とか「向こうのエキ」といった具合に、いまも日常的に使われている。「浴」は、もちろん宛て字である。

風呂ケ浴は、したがって「風呂のある窪《くぼ》、谷《たに》」の意になる。徳地町には、ほかにも風呂ノ浴、風呂《ふろの》久保《くぼ》、風呂ケ迫《さこ》など、石風呂に由来する地名が少なくない。

　大分、徳島、香川、三重各県の「風呂」が付く地名も、みな発汗浴施設にもとづくものである。大分、徳島の場合は現存し、香川、三重も複数の記録によって、かつての存在を確認できる。前三者は山口と同様、古墳の石室《せきしつ》か炭窯《すみがま》のような石室《いしむろ》だが、三重県・積良の石風呂は、焼いた石に水をかけ、発生した蒸気を屋形の中の密室へ送り込む形式であった。このタイプを中世から近世にかけては、「伊勢風呂」と呼んでいた。

　なお、宣伝になって心苦しいが、日本式サウナの分布や歴史、それと地名との関連などについて興味をもたれている方がいたら、拙著『風呂と日本人』（文春新書）を参照していただけると幸いである。

徳地町風呂ケ浴の石風呂。いつごろできたのか、はっきりしない。中で柴木を焼いて、その灰をかき出したあとへ小さな入り口からもぐり込む。猛烈な熱気の直射を避けるためと、焼けた石壁に素肌が触れることを恐れて服のまま入る人が多い。

　一方、岡山県真庭市の桑林《くわぶろ》は、宛てられている文字からも想像できるように、右に挙げた例とはまるで異質の地名である。

　柳田國男は、この難読地名に早くから注目し、「風呂の起源」（『定本柳田國男集』第一四巻所収）で、「近刊の東作誌を見るに、森をフロと謂《い》ふのは美作《みまさか》（岡山県の北部。引用者注）の方言である」と述べたあと、桑林の地名を挙げている。森をフロとも呼ぶ、との指摘を裏付ける証拠の一つだと考えていたように思われる。以下で、その辺の検証を試みることにしたい。

　わたしは平成二十二年の春、真庭市月田周辺で何十人かの、できるだけ年配の住民に対して、「フロ」という言葉を知っているかどうか尋ねてみた。その中で、知っていると答えた方が一人だけいた。月田の手谷生まれで、このときは南隣の別所字本宮《ほんみや》に住んでいた一九四九年生まれの男性である。

男性は「谷の奥の三方が山に囲まれ、一方だけが下に向かって開いているようなところをフロという」と明言した。子供のころ、年寄りたちが「ひとつフロ」「ふたつフロ」「みっつフロ」などと言っていたことを耳にしたこともあった。それは、ある場所から見て、「一つ目」「二つ目」「三つ目」のフロの意だという。また平地の中で、こんもりと盛り上がった丘のような地形を「クロ」と呼ぶとも話していた。すなわちフロとクロとは、ほぼ反対の概念を指すことになる。クロはおそらく、田畑の畔《あぜ》（畦）を意味するクロの語と同源であろう。

月田の桑林は、これ以上はないほど右の条件にぴったり合った地形の集落である。谷のどん詰まりに位置して、周縁が舌状のカーブをえがく緩斜面の三方を山が取り巻いている。わたしはここを訪ねたとき、これこそ先の男性が言っていたフロに違いないと思った。

真庭市の桑林。写真では、ちょっとわかりにくいかもしれないが、典型的なフロ地形の村である。

それでは、桑林のクワとは何か。疑いもなくクワの木のことだが、かつての養蚕地帯に多かった丈の低いそれとは違う。日本原産の野生種のヤマグワ（ツミグワともケグワともいう）であり、古くはこの葉でカイコを飼っていた。しかし栽培種の導入とともに、その用途は建築材や家具材にかぎられるようになった。

ヤマグワは高さ一〇メートル以上に生長し、材質が非常に硬い。住民によると、桑林にはそのようなヤマグワが、まだあちこちに残っているという。わたしも、その中の一本を見たが、杉のように真っすぐ天に向かって伸びていた。高さは一〇メートルは軽く超していたろう。

桑林《くわぶろ》とは、「ヤマグワがたくさん生えたフロ」を指す地名と考えて、まず間違いあるまい。いつのころからか、その意味でクワブロといっていた。これに漢字を宛てたのは、ずっとのちのことである。その際、フロにどんな表記を用いたものか、はたと困ったのではないか。「風呂」では、どうも意に添わない。それで、この地の一特徴であったヤマグワの林を念頭に、「桑林」と書いたと思われる。

そんなことをしたのは中、近世のこの辺の政治的指導者（江戸期なら庄屋）か、どこかの寺の和尚あたりであったろう。しかし、民衆は字などは気にもしない。相変わらず、クワブロと呼びつづけていた。これは難読地名を生む一つのパターンである。第1章2節で取り上げた「間人《たいざ》」などと似たいきさつだといえる。

＊

❖地名コラム④「フロ」という言葉について

「フロ」の語が付く地名の中には、石風呂（蒸し風呂）の存在によるものが少なからず見られることとは、前節で述べたとおりである。しかし、それではどうしても解釈がつかない風呂地名も、決して珍しくない。岡山県真庭市の桑林《くわぶろ》はその一例である。

桑林の東北東七キロほどの同市日名《ひな》字古風呂《こぶろ》、南東へ一六キロばかりの美咲町江与味《えよみ》字川戸《かわど》小風《こぶ》呂《ろ》なども、石風呂とは関係がないようである。後者の「小風呂」は、三重県玉城町の「伊勢風呂」にもとづく小風呂と同字、同音ではあるが、地名の由来は全く別だと思う。岡山県の方は「小さなフロ」すなわち、ほかと比べて小規模な窪《くぼ》（谷のどん詰まり）を指している可能性が強い。「古風呂」は、小ブロの宛て字であろう。

わたしが真庭市別所で会った前記男性の話や、桑林《くわぶろ》の地形などを合わせ考えると、柳田國男が引用した『東作誌《とうさくし》』の指摘には疑問を覚えてくる。岡山県北部あたりで森のことをフロというとしているのは、実はフロにあった森を指して「あそこをフロと呼ぶ」との地元民の説明を誤認した結果かもしれない。森や林をフロというのは、いかにも不自然ではあるまいか。この推測を傍証する、おもしろい言葉がある。農具の鍬《くわ》を構成する部分の「風呂」である。次に『広辞苑』の「くわ（鍬）」の項を、そのまま引用させていただく。

……田畑を耕すほか、中耕・除草・作畦など各種の作業に用いる。風呂《ふろ》という木のブロック、刃先（鑱《さき》）という金具、木製の柄から成るものがかつて主流であった。風呂がなく、柄が直接金具についているものを金鍬《かなぐわ》という。（和名類聚鈔一五）

わたしは長いあいだ、なぜ鍬の部品に風呂などと呼ぶ妙な名が付けられたのか不思議でならなかった。

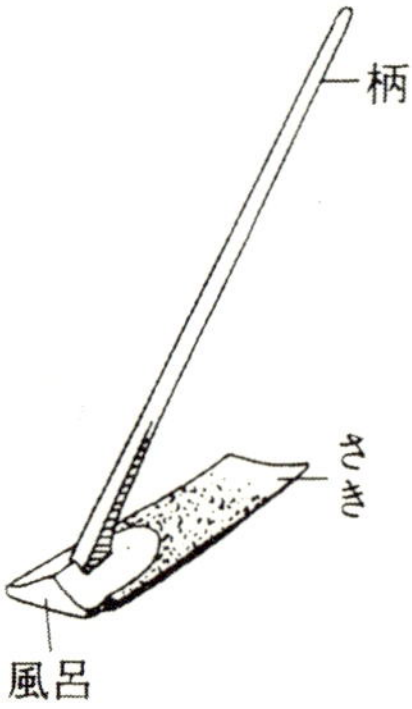

『広辞苑』に載っている「鍬」の図

真庭市別所の男性が述べた「谷の奥の三方が山に囲まれたようなところをフロという」旨の話は、この疑問に対する解答になり得ると思う。『広辞苑』に載っている図を見ればわかるように、風呂は細長いU字型になっている。これは地形語のフロとの重要な共通点だといえる。いや、より正確には鉄製の「さき」に設けられた同型の窪みこそ、それにふさわしい。風呂とは元来は、こちらの方を指していたのではないか。

「風呂」は、どんな意味に使うにせよ、みな宛て字である。「呂」は、背ぼねの骨が連なる形を象形化したもので背骨のことだから、「風呂」の二文字は、そもそもが意をなしていない。これはあくまで、フロという日本語の音写である。

発汗浴のフロも、地形語のフロも、鍬のフロも、その語源は結局のところ同じだと考えられる。この言葉はホラ（洞《ほら》）、ムロ（室《むろ》）、ウロ（虚《うろ》）、クボ（窪《くぼ》）などとも密接に関連しており、その原義は「穴、窪み」のことだと思う。

高知県の方言で首のことをフロといい、「ふろ吊り」（首つり）、「ふろを刎ねる」（自殺する）という表現があるが、このフロも「くぼんだ部分」の意であろう。クビ（首）とクボ（窪）とは、第二音節の母音が交替しているだけである。

谷筋のいちばん奥まったところを指す地形語は、ほかにもいろいろある。

先に挙げた山口市徳地町風呂ケ浴《ふろがえき》のエキも、それである。これはオク（奥）とつながる言葉かもしれない。

中部地方の南部にはホラが多い。岐阜県など、それこそホラだらけである。これはフロと音が近いことが注目される。だいたいは洞《ほら》の字を宛てているが、もちろん洞穴のことではなく、基本的にはフロと同種の地形である。

ウツ、ウト、ウトウ系統の語や、ハザマ（桶狭間《はざま》など）も似たような意味だと思われる。前者については、別に項を立てて詳しく記すことにしたい。

ホト、ホド、フト、フットも、これと同じか近似している。ホトとは古語で陰部のことである。

二本の足の付け根にあることが、谷の最奥部と共通している。神奈川県横浜市の保土ケ谷は、その一例ということになる。

右と同類の地形語中で、なんといっても多いのはクボであろう。その分布はほぼ全国に及び、小地名を含めた総数は、ちょっと想像がつかない。

第5章　岬を指す「串《くし》」は西日本に偏在

㉕蛇穴（さらぎ）／蛇穴（じゃけつ）

●奈良県御所《ごせ》市蛇穴《さらぎ》
●茨城県大子《だいご》町上野宮字蛇穴《じゃけつ》

「蛇穴」と書いてサラギと読む理由は、もう七〇年ほども前に柳田國男によって明快に説明されている。

古代、サラキまたはサラケと呼ぶ土器の一種（底の浅い甕《かめ》）があった。「以前は埴土《はにつち》の紐をぐるぐると輪に重ねていって、すべての丸い器物を造っていた」（『地名の研究』）から、その土器の形は、いやでもトグロを巻いた蛇を連想させる。それでサラキかサラケの音をもっていた地名に、「蛇穴」の文字を宛てたというのである。

柳田は、これがただの想像ではない証拠として、蛇がトグロを巻くことを北陸や新潟県佐渡では「皿になる」といい、柳田の生まれ在所（兵庫県福崎町）では「蛇がコシキ（甑）をかく」といっていたことを挙げている。コシキは米を蒸すときに使う土器である。柳田は、この地名が付いたのは、そこがサラキを生産する土地であったからだと考えていた。

一方、とくに奈良県の小地名を徹底調査した池田末則は、『古代地名発掘』『地名の知識一〇〇』などで、いくつもの類例を示したうえ、サラキはイマキ（今来）と同義であると指摘、サラキは渡来人の新居住地を意味するとしている。

池田によると、奈良県明日香村豊浦にも蛇穴《さらぎ》の小《こ》字名《あざめい》があり、また橿原《かしはら》市和田町、大和高田市出《いで》、同市曾大根《そおね》、広陵町百済《くだら》にも、それぞれ「蛇穴」の小地名があるが、こちらの方はジャケツあるいはジャアナと音読みしているという。

茨城県大子町の上野宮は、八溝山（一〇二二メートル）南麓の福島県境に接する山村である。その最奥に位置する蛇穴（ジャケツまたはジャケチとも）は、どう考えても土器の製作や渡来人の居住とは関係がありそうにない。

御所市蛇穴の野口神社。毎年５月５日に「蛇綱引き祭」が行われる。藁で作った体長14メートルの蛇を引いて地内の各戸を巡行し、最後に拝殿横の蛇塚に納める行事である。「蛇」の文字を用いた地名の土地では、しばしば蛇にかかわる習俗が伝えられている。

ここで暮らす一九二九年生まれの男性によると、集落の下《しも》のはずれの山中に女陰のような形の石灰岩の穴がある。狭くて人は入れないが、この奥に大蛇が棲んでいたと言い伝えられているという。これには、さらに那須与一にかかわる話が、あれこれと加わっている。

女陰型の岩の裂け目を神聖視するのは、わが国（にかぎらないだろうが）の石神信仰の一類型で、各地にその例が少なくない。蛇穴の地名は、この穴に由来すると思う。

岐阜県海津市平田町者結《じゃけつ》は、「蛇穴」とも書いていた。氏神の御霊《ごりょう》神社には、日本武尊《やまとたけるのみこと》に射殺されたとの伝説がある大蛇の骨壺が祀《まつ》られている。これはおそらく、その地名によって生まれた言い伝えであろう。逆ではあるまい。

蛇というのは人間に特別な印象を与える動物で、ある意味を強めたいとき地名に冠称されることが珍しくない。例えば蛇崩《じゃくずれ》、蛇喰《じゃばみ》などは崩落地を指すようだが、とてつもない大蛇が「崩した」「嚙《か》んだ」とみなしたのである。

㉖及位・莅（ともに、のぞき）

●秋田県由利本荘市及位《のぞき》
●同大仙市南外《なんがい》南楢岡字及位《のぞき》
●山形県真室川町及位《のぞき》
●同川西町莅《のぞき》

この地名は二重の意味で難解である。まずノゾキとは何のことかであり、次になぜ「及位」「莅」の字を宛てたかである。

ノゾキは「上から下を見おろせる（覗《のぞ》ける）高所」の意だとする説があるが、全く信じられない。右の四カ所で、そのような地形のところは一つもないのみならず、山形県川西町の莅など見渡すかぎりの平野のただなかに位置している。

ノゾキとは何かを考えるうえで、川西町のそれは重要な手がかりになりそうである。地内のうちの東側部分、街道（現在の県道242号）に沿うあたりの通称を坂町と呼ぶが、これはソキ町と解釈しうる。すなわち街道側を町のソキ、離れた方を野のソキといったのではないか。ソキとは、おそらくサカ、サキ、サク、サコ（これらについては後述）などと同源の語で、「境、はずれ」のことである。ここは、いまでこそ米作地帯の一角を占めているが、ある時代までは野のソキに当たっていたのではないか。

ほかの三カ所は、平地と山または丘との境めに位置している。そこで野が尽きているのである。こういうところはサコ、サクと呼ぶ地方が多い。結局、ノゾキとは「野のソキ」のことであり、ノサカ（野坂）、ノサキ（野崎）、ノジリ（野尻）、ノゾリ（野反）などと同じか、きわめて近い地形を指していると思う。

しかし、そうであったとしても、なぜ「及位」「莅」の表記になったのかがわからない。いちおう推測されるのは、ノゾキを「覗《のぞ》き」の意に解釈し、これに「のぞむ」の訓をもつ「莅《り》」の漢字を宛てたのではないかということである。だが、この字は多くの者にとって、なじみが薄い。そのため「艹」と「位」の二文字と誤解し、さらに「艹」を「及」に誤まった可能性がある。

もしくは、一字表記をきらい、あえて二字に分割したのかもしれない。そうだとしたら、「艹」を「及」に変えたのは、たぶんに故意であったか。江戸時代ごろには、「政」をわざと「正攵」と書いたりしていた。昔のもの知り顔には、こんなはた迷惑な遊びをする者が珍しくなかったようである。それが難読地名の発生原因の一つになっている。

秋田県由利本荘市の及位。ここは、「野が尽きるところ」にぴったりの地形である。

いずれにせよ、及位、莅などという風変わりな用字の地名が、別個に生まれるはずがない。この地名は、わたしが気づいたかぎりでは右の四カ所だけである。どれも秋田、山形両県にあって、そんなに離れていない。これは疑いもなく模倣の結果であろう。現に秋田県大仙市のそれは、江戸期の資料では「除木《のぞき》」となっている。ただし、どこから始まったのかについては未考である。

なお、日本の女性パイロットの草分けの一人、及位野衣《のぞきやえ》（一九一六年生まれ）は秋田県八竜町（現三種町）の出身だということだが、その本貫《ほんがん》の地がどこか調べていない。

㉗古凍・古氷（ともに、ふるこおり）

●埼玉県東松山市古凍《ふるこおり》
●群馬県太田市緑町古氷《ふるこおり》
●同邑楽郡大泉町古氷《ふるこおり》

漢字の意味の方にこだわっていると何のことか解釈がつかないが、「凍」「氷」は「郡《こおり》」の宛て字である。

この場合の郡は律令時代、国《くに》の下位にあって里（郷）を統轄する行政区画そのものではなく、当時の郡家（ぐんけ。ぐうけとも）すなわち郡衙《ぐんが》（郡庁）を指している。八世紀のころ全国で五五五あった郡の政務は、そこで行っていた。

フルコオリ（フルゴオリ）の音をもつ地名は、全部で一〇カ所くらいはあるだろう。多くは「古郡」の文字を用いている。要するに、「古い」郡家があったところに付いた地名である。ただし、「古い」には二つの意味があったようだ。「昔、郡庁が置かれていた場所」と、「移転前の旧郡庁の所在地」とである。

もっとも、そうはいっても、例えば埼玉県東松山市の古凍に古代の郡衙があったという動かぬ証拠があるわけではない。この一帯には古凍古墳群や番清水《ばんしみず》遺跡など、とくに古墳時代の遺跡が多いので、早い時期から開けていたことが考えられる。その事実と地名とから、ここに比企郡の郡衙が存在していたと推測できるのである。

同県には美里町にも古郡の地名があり、こちらは那賀《なか》（那珂）郡の郡衙所在地であった可能性が強い。

群馬県の二カ所の古氷も埼玉県の場合とよく似ていて、あくまで郡衙の推定地であって確証はない。太田市古氷の東部の水田は条里水田だとされており、大泉のそれには多数の古墳が現存している。

一方で、フルコ（ゴ）オリの名が付いた土地に、郡衙が置かれていたことが確認できるところもある。

茨城県筑西市古郡《ふるごおり》はその一例で、地内に国指定史跡の新治《にいはり》郡衙跡が残っている。一九四一年と四三年に発掘調査が行われ、東西約四五〇メートル、南北約四一二メートルの範囲内に合わせて五二棟の建物跡が発見された。この北西三〇〇メートルほどには、八世紀初めごろに建立された郡寺だとされている新治廃寺跡もある。

一〇世紀に成立した『和名抄』には、いまの山梨県に「都留《つる》郡古郡《ふるごおり》郷」があったことが記されている。すなわち郡衙の所在地が、郷名になった例である。この地名はすでに消失しているが、現在の上野原市中部に比定する説が有力である。

これに対して、西方の都留市古川渡《ふるかわど》が、旧郡衙を意味する「古郡戸《ふるごおど》」の訛りであるとして、こちらを「古郡郷」の遺称地だとする見解もある。後者は、郡衙の移転があり、それによって旧所在地をフルゴオリと呼ぶようになったと考えているのである。

㉘ 大分（おおいた）／潮来（いたこ）

- 大分県大分市《おおいた》

●茨城県潮来《いたこ》市

「大分」をオオイタと読むことは、小学校の高学年くらいになれば、みな知っている。これは大分が大地名になっているからだが、そうでなかったら、とても読めるものではない。たぶんオオワケとかダイブンなどと思うのではないか。現に隣の福岡県飯塚市には大分《だいぶ》という地名がある。
『日本書紀』景行天皇十二年条は現在の大分について、
冬十月に、碩田《おほきた》国に到りたまふ。其《そ》の地形《くに》広く大《おほ》きにして亦《また》麗し。因《よ》りて碩田と名《なづ》く。（碩田、此《こ》をば於保岐陀《おほきた》と云ふ）
と記している。
土地が広く大きかったから、「大きな田」の意味で「碩《おおき》・田《た》」と名付けたというのである。碩《せき》は碩学などのそれで、「おおきい」「ひろい」の義である。
景行は実在が疑われており、右の話はむろんフィクションであろう。しかし、『書紀』が成立した八世紀初めごろまでは、オホキタといっていたことがわかる。それが一〇世紀の『和名抄』では「於《お》保伊多《ほいた》」と読んでいるので、このときまでにイ音便化してオホイタになっていた。これがハ行転呼によって、いまと同じオオイタに変わるのは、さらにのちのことである。
それではキタになぜ、「分」の字を宛てたのか。『古事記』上巻には、
天照大御神、まづ建速須佐之男命《たけはやすさのおのみこと》の佩《は》ける十拳剣《とつかつるぎ》を乞《こ》ひ度《わた》して、三段《みきだ》に打ち折りて、
との一節が見える。
剣を三つに打ち折ったというのだが、それを「三段《みきだ》に」と表現している。すなわち、「キダ」とは「分かたれた各部分」のことである。そういう言葉があったから、キタに「分」の漢字を用いたので

ある。換言すれば、オオキタは「オオキ・タ」ではなく、「オホ・キタ（キダ）」であった可能性が強い。

キタ（キダ）が地形語だとすると、山や谷によって分割された地域を指すかもしれない。古代の大分郡に比定される現大分市の一帯は、広大な平野とはいいがたく、むしろ谷底平野と小台地の集合からなっている。ただし、キタの意味をそのように推測するには十分な根拠がなく、不明としておく方が無難であろう。

「潮来」も、大分ほどではないかもしれないが、ほとんどの人が読み違えることはあるまい。しかし考えてみれば、これもかなりの難読地名だといえる。

この地名は古くは「イタク」と発音していた。『常陸国風土記』は「板来」とか「伊多久」と書き、ここで建借間命《たけかしまのみこと》が敵を「痛《いた》く殺《ころ》」したから、その名が付いたのだと述べている。『風土記』の地名説話には、悪ふざけでもしているのではないかと疑われるくらい馬鹿げた由来ばなしが多いが、これなどもその例に漏れない。

水郷、潮来の風景

元禄十一年（一六九八）、水戸藩主徳川光圀《みつくに》（水戸黄門）の命で「潮来」の文字を採用している。ただ、この当時はまだイタクといっており、イタコに変わったのは、だいぶんのちのことらしい。

問題は、なぜ光圀が「潮」の字をもって「イタ」の音に宛てたかである。これについては江戸期の複数の資料が、近くの鹿島（鹿島神宮の所在地）に「潮宮《いたのみや》」というのがあって、これを借りたのだと説明している。そうだとしても、今度は潮宮の訓への疑問がわいてくる。

一方、一九世紀前半に成立した『新編常陸国誌』には、「いた、潮を云ふ、今はいはず」との記述がある。古い方言で、潮のことをイタといったとしているのである。そうであるなら、潮来《いたこ》の謎もとけるし、その地名の意味も「潮が寄せてくるところ」となって、すんなり解釈できる。古代の潮来は、いまの利根川河口に当たる細長い湖を通じて外海につながっており、まさしくそういう土地であった。

あるいは「イタ」は単なる方言ではなく、われわれが忘却してしまった、潮を意味する古い日本語であったかもしれない。静岡県下田市白浜には板戸（竜宮島の対岸あたり）、板見（白浜海岸のすぐ南方）の小地名があり、ともに海に面している。徳島県板野町は吉野川河口の左岸に位置し、古くは潮入り地であった。イタはイトと音が近い。静岡県伊東市や福岡県糸島市が海に接していることは、周知のとおりである。右はむろん、ほんの一例にすぎない。

また、t音とs音は通じ合うことがある。三十《みそ》、四十《よそ》はミト、ヨトの音転であり、「塞《ふさ》ぐ」の語は平安時代の女流文学体ではフタグ、漢文訓読体ではフサグであった。

これから考えると、神奈川県横浜市の磯子《いそご》は、潮来《いたこ》と同じ意味であった可能性もある。イソ（磯）はイシ（石）と同源だとする説があり、おそらくそうであろうが、右の場合には「磯」は宛て字だとみなすことになる。

㉙ 串（くし）／串本（くしもと）

- ●愛媛県伊方町串《くし》
- ●香川県さぬき市鴨庄《かもしょう》の大串《おおくし》岬、小串《こぐし》岬
- ●和歌山県串本町串本《くしもと》

「クシ」が岬を意味する地形語であることは、地名研究者・観察者たちにとって、いわば常識だといってよいだろう。それを裏付ける事例は豊富にありすぎて、ここではごく一部しか取り上げることができない。

　愛媛県の佐田岬は、日本でいちばん岬らしい岬かもしれない。それは四国の北西部から豊後水道へ向かって真っすぐ、本当に棒のように細く長く延びている。その延長は四〇キロほどになる。「サタ」の語も、鹿児島県佐多岬や、高知県蹉跎《さた》岬（足摺岬の旧名。こちらに統一されたのは戦後のことである）などの名を合わせ考えると、岬を意味する可能性が強い。しかし、だれもが納得できるだけの例数を見つけられないので、ここでの言及はひかえておきたい（サタの語は道案内の神「猿田彦」のサルタのつづまったもの、との指摘がある）。

　串は、佐田岬の先端近くに位置する集落名であり、そこから五キロばかり東、つまり付け根寄りに三崎集落がある。クシもミサキも元来は、半島全体の呼び名であったと思われるが、いまはその一部地域を指すにすぎない。なお、三崎の近くには佐田、大佐田の地名がある。

　香川県さぬき市の大串岬、小串岬は、クシが岬を指すことをよく示している。この二つは北の瀬戸内海へ向かって牛の角のように突き出しているが、東側がだいぶん大きく、それゆえに大串であり、西側の小さい方が小串である。

　本州最南端の和歌山県潮岬は、小さいながら形が四国によく似ている。串のように細長くはないが、海（熊野灘）へ張り出しているところは、ほかのクシ地名の土地と異ならない。その香川県に当たるあたりと、北の紀伊半島とをつなぐ廊下のような部分が串本である。すなわちクシ（岬）のモト（付け根）である。串本のすぐ北で海へ注ぐ鬮野川《くじのかわ》のクジも、岬のクシと関係があるかもしれない。

　岬を意味するクシによると思われる地名として、ほかに次のようなところがある。

香川県さぬき市の大串岬と小串岬（２万5000分の１地形図「五剣山」より）

●沖縄県名護市字久志
●鹿児島県南さつま市坊津《ぼうのつ》町久志
●熊本県上天草市大矢野上《かみ》町字串
●長崎県対馬市峰町櫛《くし》
●佐賀県唐津市鎮西町串
●山口県下関市豊北町粟野の串山
●同柳井市平郡《へいぐん》島の櫛崎

これらは、あくまで一例である。

クシ地名は内陸にも散見される。この事実と、和歌山県串本のように、ずんぐりした形の岬に由来する場合もあるからであろう、クシとは「越《こ》し」すなわち「越えるところ」の意だとする説もある。

しかし、前者については「平地に延びた岬のような丘」と考えることができ、後者では海中へ突き出している点では、棒のような岬と変わらない。また、個々のクシ地名には「越し」では理解できない例も多く、わたしはクシを「突き出したもの」の意にとっている。つまり、おでんの串や、髪をすく櫛と同源だとみなしているのである。古代の櫛は、現今のかんざしに似た形で髪に挿すものであった。

茨城県下妻市大串は、南北に細長い微高地の先端部に位置している。海と陸の違いはあっても、立地では愛媛県佐田岬の串と類似している。これもクシの一つではないかと推測しうるが、クシ地名は西日本に偏在しており、東日本でまちがいなくそうだといえる例を、わたしはまだ確認していない。だから茨城県の大串については、意見を留保しておきたい。

㉚ 奥武（おう）／青籠（あおぐむい）

●沖縄県名護市真喜屋の奥武島《おう》
●同宮古島市平良字池間《ひららあざいけま》（池間島）の青籠《あおぐむい》

名護市真喜屋の北一二〇メートルほどの奥武島（いまは橋で本島とつながっている）は、古くからの墓の島である。『角川辞典』には次のように見えている。

北側の海食崖のいたるところに新旧様々の形の墓が見られ、海辺の砂礫にも人名を墨書した厨子《ずし》甕《がめ》の破片が混じる。東部の海食崖の中腹には横穴に木槨《もっかく》を組んだ近世以前の古墓が点在し、板門形式のものもあったが、最近の暴風で破壊された。

池間島の青籠《あおぐむい》も葬所であった。谷川健一『日本の地名』から引用させていただく。

そこは潮のさしてくる入江になっていて、入江に向かう岸壁に点々と洞穴があいている。以前はこの洞穴に若死した子どもや、難破して海に死んだ者、あるいは伝染病で亡くなったものを葬ったといわれる。一口にキガズン（怪我死）といわれる者たちである。彼らは不慮の事故死のために、ふつうの墓に入れてもらえなかった。そしてこの入江のほとりの、岩穴に投げこまれた。

なお、クムイとは、海岸部の干潮時でもわずかに水が溜まっている場所のことで、「小堀《くむい》」の字を宛てた地名の例もある。

南島の地名を分析して、「オウ」という言葉と葬地とを結びつけて論じた最初の人物は、戦後における沖縄地理学・民俗学の代表的な研究者の一人、仲松弥秀《やしゅう》である。そうして、オウはアオ、アワの訛りだと考え、本土でも「青」「淡」の付く地名が、しばしば葬地であったことを指摘したのが谷川健一である。

わたしも自分なりに、本土のそのような地名を調べてみた。その結果、北海道を除くほぼ全地域で、葬地・葬所を意味する「アオ」「アワ」なる古代語が存在したことは、まちがいないと思っている。それは地名以外の観察を含めたうえでの判断である。しかし、おおかたの方に、それを納得していただくには多岐にわたる例証を示すことが必要だが、ここではとてもそれだけの紙数がない。いまは京都府の最北部、丹後半島東岸で日本海に臨む伊根町の青島のことを紹介するに留めよう。

伊根は、伊根湾沿いにずらりと並んだ各家の海側が漁船の収納庫になっている舟屋《ふなや》で知られる古い漁村である。青島は、その湾口をふさぐような位置に浮かんでいる。

青島は、いつとも知れないころから伊根の住民の火葬の場であった。それは昭和十七年十月までつづけられていた。この一帯で「トモブト」と呼んでいる艪舟《ろぶね》に遺体を乗せて島の平坦地へ運び、そこで火葬にしていたのである。焼き場には施設といえるようなものはなかった。露天に薪を積み上げ、荼毘《だび》に付したのである。焼き終わったあとで遺族らが骨を拾いに行く。焼却作業に当たったのは、地区外の葬送を仕事にしていた人たちであった。

青島での火葬がやんだのは、太平洋戦争に先だつ日中戦争のあいだに、青島が軍用地に収用され、魚雷艇の発進基地が置かれたからである。島は立入り禁止となり、やむなく陸地の大浦集落へ葬場を移したのだった。

右の二、三の例示では、むろん首肯していただけるはずもないが、アオ、アワの語と葬地とが結び付く地名その他は、ほかにも少なくない。この点に興味をもたれた方は、拙著『葬儀の民俗学』に目を通していただけたら幸いである。

＊

❖地名コラム⑤ 小さな大島

「以前は島の名などは単なる遠望をもって青黒、大小のごとき印象を表示したものが多かった」

柳田國男は、名著『地名の研究』で右のように述べている。

ところが、これがなかなか、そうではない。北は東北地方から南は九州にかけて、「青島」の名をもつ島および内陸部の地名（後者は、だいたいは湖中か川中の島であったと推測されるところ）が少なくとも二九カ所ある。わたしはその大半を実見したが、「青い」という印象を受けた例は一つもなかった。いや、むしろ色では近隣の島と全く区別がつかない、といった方がよい。どの島にも人の手が加わった形跡は、ほとんどない。もとは「青かった」島が、その後に変化したとは考えられないのである。既述のように、わたしは青島とは葬地に由来する名前だと推測している。

さらに大島だが、だれにしろ「大きな島」をそう呼んだと思っていることだろう。ところが、これがまた簡単に決めつけられない。周辺の島々と比べて格段に小さい、本当に「ケシ粒ほど」しかない「大島」が珍しくないのである。次は、その例である。

- 宮城県南三陸町歌津中山沖の大島（太平洋）
- 同町歌津田の頭沖の大島（太平洋）
- 山形県鶴岡市大岩川字宮名沖の大島（日本海）
- 三重県南伊勢町礫《さざらうら》浦沖の大島（五ケ所湾）
- 高知県須崎市浦ノ内東分地先の大島（浦ノ内湾）

●長崎県対馬市美津島町尾崎地先の大島（浅茅《あそう》湾。この南方二キロほど、美津島町加志の加志浦口に浮かぶ、やや大きな大島とは別である）

これは一種のユーモア、悪ふざけに類する命名だろうか。もちろん、そうではない。地名が、それとして定着するには、たくさんの人間の承認を必要とする。一部の者の思い付きが地名になることは、まずないのである。大きな「小島」がないことがそれを示している。

結局、これらの大島は青島、淡島が訛ったものと考えるほかあるまい。「アオ」「アワ」の音は、「オウ」「オオ」「オー」と表記しうる音へ変化しやすい。地名でいえば東京都青梅《おうめ》市、埼玉県東松山市青鳥《おうどり》、新潟県糸魚川市青海《おうみ》、近江《おうみ》国（淡海《あわうみ》〔＝琵琶湖〕からの転訛）などの例がある。この逆のことは、日本語では起きないようだ。

高知県浦ノ内湾の大島。大型バスよりいくらか大きい程度である。

一方、アオとアワは、どんな関係にあるのだろうか。

「青」（古くはアヲと表記、アウォの音に近い）は八世紀のころには、すでに色を表す言葉になっていた。『古事記』など当時の文献で明らかに葬地を指した使用例は、ないようである。青は、現今のブルーとは違い、白と黒との中間色を意味していたが、ときには白や黒と同義のことさえあった。要するに、きわめてあいまいな概念の語であった。

「淡」（古くはアハ、さらにさかのぼるとアファ、アパ）も、はっきりしない、中間の状態を示す言葉である。『古事記』や『日本書紀』では、これを含んだ固有名詞に、葬送とかかわる意味をかすかながら残しているとみられるところが何カ所かある。

……………………………………………………

青と淡は音が似ており、語義にも共通点がある。もとは同じ言葉だったのではないか。日本語では平安時代以降、語中・語尾のハ行音がワ行音に変わる現象（ハ行転呼音）が広くみられるようになる。ただ、これが上代以前にあったか疑問視されており、アハからアヲへ移ったと単純にはいえないが、その可能性はあると思う。

先に挙げた大島は、地形図で確認していただくとわかるように、うんと小さいだけでなく、どれも陸地のすぐ先に位置している。いまでは陸地とつながっているところも、中にはある。葬送の場があまり遠くても、不便であろう。「地先の小さな島」は、実は青島、淡島の多くにも共通する特徴である。この事実は、青島、淡島が訛って大島になったことを裏付ける、もう一つの状況証拠だといえる。

なお、さして大きくない「大島」になると、その数はぐんと増える。そのうちのあるものは、右と同類であろうと考えられる。

第6章　「シトリ」地名は新羅系渡来人由来か

㉛　軽井沢（かるいざわ）／王余魚沢（かれいざわ）

- 長野県軽井沢町軽井沢《かるいざわ》
- 青森市浪岡王余魚沢《かれいざわ》字王余魚沢《かれいざわ》

「軽井沢」といえば、長野県の東部、群馬県境に近い避暑地が断然よく知られているが、これと同音・同字の地名は各地になかなか多い。左は、そのごく一部である。

- 岩手県八幡平市《はちまんたい》高畑字軽井沢
- 秋田県由利本荘市羽広《はびろ》字軽井沢
- 宮城県加美町漆沢の軽井沢（沢の名）
- 千葉県鎌ヶ谷市軽井沢
- 新潟県長岡市軽井沢
- 静岡県函南町《かんなみ》軽井沢

軽井沢とは「カルフ沢」の訛りだと初めて指摘したのは、これも柳田國男である。『地名の研究』には、「カルフは普通の辞典には見えぬが背負うという意味の中古の俗言である」と述べられている。

すなわち、馬が通わないため人が背中に荷物を負って山越えするような道に沿った沢の名、のちにはその足だまりになった場所を指すと考えたのである。

これは卓見であったと思う。なぜ、そういえるのかを説明する前に、「カルフ」という聞き慣れない言葉が今日なお、全くの死語にはなっていない例を二つばかり挙げておきたい。

魚市場などでときどき使われる「ウリコ」「カルコ」は、前者が販売担当者、後者は注文を受けた商品を顧客のトラックなどに運搬する者のことである。カルコは「カルフ子」の約言だと思われる。

佐木隆三の小説『復讐するは我にあり《くじ》』（一九七五年）には、「ぼたかろうたですなあ」の表現が見えている。作者は、これを「貧乏籤を引いた」の意味だと注記しており、そのとおりだろうが、元来はボタ（石炭がら、役に立たないもの）をかついでしまった、つまり「無駄骨を折った」の意だと考えられる。

カルフ（カルウ）沢のままで、カルイ沢に変化しなかったらしい地名もある。

●岩手県遠野市宮守町下鱒沢の家老《かろう》沢（沢の名）
●宮城県白石市白川犬卒都婆《いぬそとば》字家老沢

などは、おそらくそれであろう。

カレイ沢、カレイ谷の地名も珍しくない。ただし、こちらの方の表記は、さまざまである。冒頭の青森市のほかに、

●富山県小矢部市嘉例谷《かれいだに》
●徳島県海陽町平井字王余魚谷《かれいだに》
●高知県安芸市畑山甲字枯井谷《かれいだに》

などがある。

柳田は「軽井沢という地名が東日本に限られているに反して、嘉例川の類は全国に広く存し、奥州でも北陸でも二種並び存しているのを見ると、相似たる地名ながら関係はないのかもしれぬ」と述べて、カレイをカルウに結びつけることには懐疑的であった。

しかし、青森市の王余魚《かれい》沢は古くは軽井沢とも書いていたこと、カレイ沢もカルイ沢と同様たいてい沢に沿った山越え道の麓付近に位置すること、相似た地名が同一地域に併存するのは珍しくないこと（奈良《なら》と奈路《なろ》のように。これについては後述）などから、カレイもカルウの音転とみて差しつかえないと思う。また、

- 奈良県生駒市軽井沢町
- 和歌山県みなべ町清川字軽井川

が軽井沢に含まれるとしたら、西日本にこの地名がないわけではない。

なお魚のカレイには、ふつう「鰈《ちょう》」の漢字を宛てるが、中国語の「王余魚《おうよぎょ》」が日本のカレイに当たるとする記述は、すでに一〇世紀の『和名抄』に見えている。なんでも、昔、中国の王が魚の刺し身を作らせて食べたが、半分を余して海に捨ててしまったところ、半身の魚になったとの故事にもとづく名前だということである。

㉜ 轆轤（ろくろ）／轆轤師（ろくろし）

- 滋賀県高島市今津町狭山字轆轤《ろくろ》
- 宮崎県椎葉村松尾字ロクロ（轆轤尾《ろくろお》とも）
- 福井県大野市南六呂師《ろくろし》
- 徳島県三好市西祖谷山《いややま》村轆轤師《ろくろし》（西岡とも）

以前は木で椀、盆、木鉢、木皿、銚子などを作ることが多かった。材料は主にブナ、トチ、ケヤキ、ホオ、カエデのような落葉の、とくに広葉樹を用いた。それらの木を鉈《なた》で荒割りしたあと、ろくろ（轆轤）で削って仕上げるのである。

ろくろは先に鉄製の爪《つめ》が付いた円筒状の細長い棒である。それを横にして台にすえ、爪に荒作りの木地《きじ》を差し込んでおき、ろくろに長い紐を巻きつけて回転させながら木地に刃物を当てて丸く削っていく。こけし作りを想像すれば、おおよその様子はわかっていただけるかもしれない。

木地を削って製品にする職能民は、ろくろ師または木地屋と呼ばれる。木地師という言い方をする人もあるが、これは近世以降の文章語らしく、地名などにはまず見当たらない。

轆轤、轆轤師、六路谷、六郎山、ロクロ屋敷、木地屋、雉谷《きじや》、木地山、木地小屋……などは、木地屋（以下、この呼称に統一）が住みついたためにできた地名である。彼らは材料になる大木を求めて深山幽谷へ分け入ったので、右のような地名は鳥も通わぬような辺陬《へんすう》に多い。

滋賀県多賀町大君ケ畑（おじがはた）の白山神社。鳥居の額に4つの菊紋が見える。同地は小椋谷の北方にあって、やはり木地屋発祥の地と伝えている。

周辺の大木を伐り尽くすと、次の適地へ移住する。その移動を福島県の会津地方あたりでは「飛び」と呼んでいた。彼らが一所で暮らす期間は、たいてい数年から長くて数十年であった。だから、木地屋の人口にくらべて木地地名の数は多いが、それは消えやすくもあった。中には資料にしか残っていないところも、少なからずある。冒頭の四カ所も福井県の南六呂師を除くと、普通の地図では簡単には見つけられまい。

各地に散在していた木地屋には、その本貫の地を滋賀県東近江市蛭谷《ひるたに》町または君ケ畑《きみがはた》町と伝える者が多い。両地は隣接しており、いわゆる平成の大合併後、町の名を称するようになったが、三重県境をすぐ先に望む深い山中に位置している。このあたりは通称を小椋谷《おぐらだに》といい、どこの木地屋によらず大部分が小椋姓（あるいは大倉姓）を名乗っていたのは、そのためである。

同地域を木地屋発祥地だとする伝承は、ある意味では史実であり、また意識的に流布された結果でもあった。

ろくろの技術は疑いもなく外来のものであり、それを日本に持ち込んだのは朝鮮半島からの渡来人だと考えられる。彼らは初め奈良や京都の朝廷に隷属して、例えば法隆寺の百万小塔のような仏具類の製作に当たったりしていた。しかし、律令制の衰微とともに庇護者を失い、やむなく自活の道へ進むことになる。その際、彼らの一派が京都に比較的近い山中の小椋谷へ材料を求めて移住したことは、いくつかの状況証拠から判断して、まず間違いあるまい。

一方で、江戸時代の元禄年間（一六八八－一七〇四）に蛭谷の氏神、筒井八幡宮の神主、大岩助左衛門重綱が全国の木地屋を統率下に置かんとして使いを派遣し、発祥地伝説を広めてまわった影響も大きい。それは「氏子狩《うじこがり》」と呼ばれ、のちには君ケ畑もこれを模倣し、明治時代までつづいた。各地の木地屋が、ほぼ一様に木地業の祖を文徳天皇の第一皇子、惟喬親王《これたかしんのう》だとし、よく自分たちの墓石に皇室の紋章である菊花の模様を彫刻したりしていたのも、そのせいであろう。

㉝倭文（しとり）／設楽（したら）

●鳥取市倭文《しとり》

●兵庫県南あわじ市倭文《しとおり》
●愛知県北設楽《したら》郡設楽町

倭文（シトリまたはシドリ。清音の方が古い）とは、たいていの辞書類に載っているように、「シツオリ」がつづまった言葉である。シツ（シヅ）は、緯《よこいと》を青や赤に染めて乱れ模様に織った布を指している。日本古来のデザインだとされ、だから「倭《わ》」（日本）の「文《あや》」（模様）と書いたのであろう。ただし、その織布技術は、朝鮮半島の新羅《しらぎ》系渡来人たちが持ち込んだことが確実である。

彼らは初めは品部（シナべ。トモべとも）として、朝廷に隷属する世襲的な職能民集団であり、倭文部《しとりべ》と呼ばれていた。のちには、その技術をたずさえて各地へ移住していった。鳥取市の倭文《しとり》は、彼らの居住地に付いた地名である。彼らは倭文神《しとりがみ》を祖神とあおいでいた。同地には倭文神社が現存している。

鳥取県には、ほかにも湯梨浜《ゆりはま》町宮内と倉吉市志津《しつ》に倭文神社がある。一〇世紀成立の『延喜式』に名が載っている神社を延喜式内社と呼ぶが、右の三社はみな式内である。因幡《いなば》国および伯耆《ほうき》国（合わせて、いまの鳥取県）と、倭文部の関係が遠く、かつ深いことが知られる。

倉吉市の志津がシツオリの「シツ」に由来することは、まず疑いあるまい。同種の例として、茨城県那珂市静《しず》が挙げられる。静は古くは志津と書いていた。ここは『常陸国風土記』（八世紀）では「静織」、『和名抄』（一〇世紀）では「倭文」となっている。

兵庫県南あわじ市の倭文は、シトオリと読んでいる。淡路島南部には、これを冠称した地名がいくつもあるが、倭文委文《しとおりいぶん》には倭文神社がある。「倭」と「委」は古くは相通じて用いられることがあったから、委文も本来はシトオリであったろう。このあたりの南西側の地名、志知《しち》も志津・静と同趣旨かもしれない。

ほかにも栃木市志鳥町《しとり》（『和名抄』委文《しとり》の遺称地）や、岡山県津山市南西部を流れる倭文川《しとり》（流域の油木《ゆき》北に倭文神社がある）など、倭文部にもとづくと推定される地名は各地になかなか多い。全部で十カ所以上はあると思う。

愛知県の設楽《したら》は難解な地名である。

設の音はセツであり、楽をラとした例は、「寧楽《なら》（奈良）の都」などがあるので、セツラをシタラと読ませたか、のちにそう訛ったと考えれば、宛て字そのものは、さして不自然ともいえない。問題はシタラの意味である。

古代、シタラ（シダラ）と呼ばれた神がいた。鎮西（九州）の出自で、平安時代に疫病が流行した際、都へ上ってきて民衆の信仰をあつめた。八幡《やはた》と関係があったらしく、八面の仮面を付け、小さな藺笠《いがさ》（畳 表《たたみおもて》の材料の藺草《いぐさ》で編んだ笠）をかむっていた。人びとは手を打ち、鼓を鳴らして、この神を祀ったという。古語で手拍子のことをシタラ（シダラ）といい、シタラを打ちつつ祈ったから、その名前が付いたのであろう。シタラに「設楽」の字を用いたのは、そのような信仰習俗が存在していたためだと思われる。

しかし、愛知県の設楽の地名と、シタラ神とをつなぐ事実は全く確認されていない。ただ、音が同じだというだけのことである。それで地名の起源について諸説、入り乱れることになるのだが、わたしにはシトリの転訛の可能性がありそうに思える。

静岡市清水区西部を流れて清水港に注ぐ巴川の河口近くの右岸に中世、委文《しどり》と志多良方《しだらかた》という地名があった。二つともすでに消滅して今日に伝わらないが、ごく近くに位置していたことは、まず間違いない。つまりシドリとシダラとが、ほぼ相並んで存在していたのである。これはシドリがシダラに訛った一例とみなしうる。あくまで状況証拠にすぎないとはいえ、設楽の由来を考えるうえで参考になるのではないか。

㉞ 塔ノ弟（とうのへつり）

● 福島県下郷《しもごう》町白岩の塔ノ《とうの》弟《へつり》

周知のように、塔ノ《とうの》弟《へつり》は南会津の代表的な観光地の一つである。そこでは阿賀川の急崖に沿って、塔のような形の岩が並び立っている。すなわち名前の「塔」の部分は、その奇岩群に由来している。それでは「弟」とは何か。

福島県の塔ノ弟。塔のような奇岩がそそり立ち、それぞれに護摩堂岩、烏帽子岩、屏風岩などの名が付いている。

「ヘツリ」は「ヘツル」の名詞形で、ヘツルはケヅル（削る）、ハツルという言葉と同源である。日本語でk音とh音とが交替しやすいことは、第1章5節でカケ（欠け）－ガケ（崖）－ハケ（急崖）、カム（噛む）－ハム（食《は》む）などの例を挙げて説明したとおりである。

ハツルは『広辞苑』では、「少しずつけずり取る」の意だと述べられている。そのとおりだろうが、現在、日常語としては少し違った使われ方をすることが多い。「削岩機で岩（あるいはコンクリート）をはつる」とか「刃物で顔をはつられた」などの表現は、その例である。一種、特別の意味が込められていると考えてよいだろう。

ヘツルはさらに耳遠く、通常の会話ではほとんど聞くことがない。しかし本質はケヅル、ハツルと変わらない。その名詞形ヘツリについて、『広辞苑』は「東日本で山中の岨道《そばみち》、絶壁や川岸などの険岨な路などをいう」として、塔ノ岪を語例に挙げている。だが、やかましいことをいえば、ヘツリは険しい道を指す言葉ではなく、その原義はあくまで「削り取ったような急斜面」のことである（また、「ヘツ（ズ）ル」は、沢登りなどで、沢の岸の急な岩壁にへばりついて横向きに進むことを指す。南アルプスの聖《ひじり》岳・聖沢は、修験由縁説のほかにこの「ヘツ（ズ）リ」の転訛という説もある。尾瀬の景鶴《けいづる》山も同様）。

会津地方には、「ヘツリ＝削り取った急斜面」のような方言があったとみえ、『角川辞典』の「福島県」の巻に収められている同県小字《こあざ》一覧に、

●下郷町豊成《とよなり》小字岪上ノ山《へつりかみのやま》
●南会津町糸沢小字辺通里山《へつりやま》

の小地名が見える。

前者は塔ノ岪の八キロほど上流（南西）、後者はさらに一五キロばかり上流に位置する。同様の小地名は、さがせばもっと見つかるのではないかと思う。

なお、漢字の「岪」はフツの音をもち、「山道」「山がけわしく奥深いさま」を意味するという。

㉟ 一日市（していち）／廿九日（ひづめ）

●富山県南砺《なんと》市一日市《していち》
●石川県中能登町廿九日《ひづめ》

「シテイチ」は、文字からもわかるように「ヒトヒイチ」の転訛とみて、まず間違いあるまい。すな

わち毎月一日、または一日、十一日、二十一日に市《いち》が開かれていたのであろう。いまも同地に残る地蔵堂は、市場守護に建てられたと伝えられることが、それを裏付けている。同趣旨の地名は各地に少なくない。

- ●青森県八戸市朔日《ついたち》町
- ●岩手県花巻市一日《ひと》市《いち》
- ●新潟市東区一日《ひと》市《いち》
- ●岐阜市一日《ひと》市場《いちば》
- ●愛媛県西条市朔日《ついたち》市

など、「ツイタチ」系と「ヒトヒ」系があるが、数では後者の方がずっと多いようである。

八戸市の中心部には、日《ひ》限市《ぎりいち》によって付いた地名が集中する区域がある。右の朔日町のほかに三日町、六日町、八日町、十一日町、十三日町、十六日町、十八日町、廿三日《にじゅうさんにち》町、廿六日町が通りを接して並び、やや離れて十日《とうか》市《いち》もある。

八戸市のような例もあるが、一般には十一日以上の定期市地名は多くない。その中では広島県廿日《はつか》市《いち》市が、よく知られている。ここには厳島《いつくしま》神社が鎮座する厳島（宮島）への渡船場があって、中世からかなり大きな町場を形成していた。

能登半島中部の廿九日《ひづめ》は、晦日とも書いていた。こちらの方が「ヒヅメ」、すなわち月の末日（日詰め）を指す文字としてはふさわしいはずだが、これは普通には「ミソカ」と読む。そのせいかどうか、いまでは廿九日に定着している。もっとも、これで少し読みやすくなったというわけでもあるまい。

廿九日は、定期市地名だろうか。八戸市などの例から推すと、そんなふうに思えるかもしれないが、その可能性はなさそうである。

この村の成立は江戸時代の前期で、さして古くはない。承応二年（一六五三）、近くの新庄村と在《あり》江《え》村の新開地として開拓されている。もし、ここに日限市が立っていたら、それに言及した何らかの記録が残っていたろう。さらに、そもそも市が立つような開けた場所でもなかった。幕末に至っても、戸数は一七ほどにすぎなかったのである。

それでは、どんな起源の地名なのか。

まず注意すべきは、このあたりは台地で水の便が悪かった。地形図を見るとわかるが、大小の溜め池が点在しており、廿九日のそばにも、やや大きな池が二つばかりある。

溜め池には、圦樋《いりひ》（樋口）が付きものである。農業用水の配分は、この圦樋の開閉によって行っていた。周知のように、日照りがつづいたときの水争いは、ときに死者を出すほどの騒動になった。深夜の水ぬすっとなどは、だれでも思いつくことだった。しかし、樋口には番人または番役が付いていたので、盗むといってもなかなかできるものではない。なお、番人と番役とは違う。前者は被差別民が職業として従事し、後者は村人が交替で当たっていた。

いずれであれ、圦樋のわきには小屋が設けられ、そこで寝ずの番につくのである。その小屋が建つ場所を「樋詰《ひづめ》」と呼んだのではないかと思う。ただし、樋には「水を導く長い管《くだ》」の意味もあり、その一方の端を指して「樋の詰め」といった可能性もある。

㊱ 貝野瀬（かいのせ）／皆葎（かいむくら）／海野（かいの）

- 群馬県昭和村貝野瀬《かいのせ》
- 富山県南砺市皆葎《かいむくら》

●三重県紀北町紀井長島区海野《かいの》

「カイ」は、山・丘・崖などに挟まれた廊下状の低地を指す地形語である。この言葉は古くからの共通語であり、すでに『古事記』雄略天皇条に、

　此方此方《こちごち》の　山の峡《かひ》に　立ち栄《ざか》ゆる　葉広熊白檮《はびろくまかし》

うんぬん、と見えている。

今日、普通名詞として用いるときは「峡」の字を宛てるが、地名では「貝」「皆」「海」などとなっている場合が多く、「開」「甲斐」と書くところもある。

群馬県昭和村貝野瀬は片品川左岸の集落名だが、元来は下を流れる同川が形成した険しい断崖を、そう呼んでいたのである。このあたりでは長さ一キロほどにわたって、高さ数十メートルの垂直に近い崖が両側にそびえ立ち、そのあいだを片品川が利根川へ向かって西流している。その谷の深さは、例えば万延《まんえん》橋から下をのぞくと足がすくむほどで、これくらい「峡《かい》の瀬《せ》」の名がぴったりの地形も珍しいだろう。

群馬県貝野瀬集落の下の片品川（万延橋から上流を望む）。「峡の瀬」と呼ぶにふさわしい地形である。

富山県南砺市皆葎の「皆」も「峡」であることは、まず間違いない。「葎」はヤエムグラ、カナムグラなどを指していると思われる。葉や茎に細かい棘《とげ》がいっぱいあって、握るとちくちくと痛い。群生しやすい草だが、この辺にはとくに多かったとみえ、すぐ西に葎島《むぐらじま》の地名がある。

三重県紀北町海野は北と東西が山に囲まれ、南側

の一部だけが熊野灘に面して開いている。そのあいだの野（平地）を意味する地名であろう。カイに「海」の字を宛てたのは、ここが海沿いの土地であるために違いない。

広島県三次《みよし》市甲奴《こうぬ》町宇賀字開《かい》は、文字に反して開けたところではない。かなりの山中にあって、しかも山のあいだに位置している。

和歌山県田辺市龍神村甲斐ノ川《かいのがわ》は、いまは大字《おおあざ》地名になっているが、もとは下を流れる日高川の、この一帯で見られるカイ状の地形を指していたと考えられる。近くの地形上の特徴をとらえた呼び名が村落名に移ることは、ここや先の群馬県貝野瀬など各地にすこぶる多い。

新潟県湯沢町三俣の貝掛《かいかけ》温泉の名も、右と同趣旨の由来によっていると推測される。近辺は「峡《かい》崖《かけ》」とみなしうる形状を呈している。

山形県小国町片貝をはじめ、富山県の劒岳北西方を流れる片貝川など、少なからぬ例のある「カタカイ」も、「片狭《かたかい》」すなわち一方のみが山・丘・崖に接する低平地の意にほかならない。

＊

❖地名コラム 6 古代日本語の音韻体系と地名

山梨県に当たる地域の旧名、「甲斐《かい》」の語義については昔から「峡《かい》」だとする説がある。山峡《やまかい》の「峡」である。実際、同県は山々に囲まれており、ことに高山が目立つ。「峡」説は、なかなか説得的だといえる。

これに対して、古代日本語の音韻体系を理由に、「学問的に成立しがたい」との反論も出ている。すなわち、甲斐も峡も古くはカヒであったが、前者のヒと後者のヒとは発音が違っていたから、

「甲斐＝峡」ではあり得ないというのである。国語学や古代史の専門家のあいだで支持する者が多いようである。この指摘は本当に正しいのか。

現代の国語では、いうまでもなく母音はア、イ、ウ、エ、オの五つしかない。これは平安時代の半ばからずっと変わっていない。ところが、それ以前の奈良時代ごろには母音が八つあった。録音機もない時代のことなのに、どうしてそんなことがわかるのかといえば、『古事記』『日本書紀』『万葉集』などで使われている万葉仮名の分析から、そう判断できるのである。

例えば神のミには常に「微《み》」「未《み》」の字を用い、上《かみ》のミには「美《み》」「弥《み》」などを宛てて、その逆になることがない。もし双方のミの発音が同じであれば、ミと読めるどの漢字を使ってもよいはずなのに、そうはしていない。いつも、きちんと使い分けて混同することがないのである。これは発音が違っていたためではないかと考えられる。

こういう視点から全万葉仮名の使用例を精査した結果、キ、ケ、コ、ソ、ト、ノ、ヒ、ヘ、ミ、メ、モ、ヨ、ロおよび濁音のあるものはその濁音に、二種類の音があったことが確認されたのである。この法則を発見したのは国語学者の橋本進吉で、橋本の命名により一方の音系列を甲類、他方を乙類と呼んでいる。例えば神のミは乙類であり、上《かみ》のミは甲類である。

両類の音の違いは、kiとかtoとか子音と母音とが複合した音節の母音にのみ現れ、ａｉｕｅｏの単純な母音音節にはみられない。つまりア、イ、ウ、エ、オの音価に関しては現在と同じであったろうと推定されている。

両群の音価の差が具体的にどのようなものであったかについては、研究者のあいだで多少の見解の相違はある。だが、奈良時代を中心にした一世紀ほどの上代日本語に、そのような特徴があったとする橋本の指摘は、今日ではもはや確定的な学説となっていて、これからも覆ることはあるまい。

それゆえに、「神」と「上」とは同じ語源の言葉だとする説を学問上の成果に反するとして、痛罵しつづけた著名な国語学者もいた。甲斐のヒは乙類であるのに、峡のヒは甲類だから、双方を同源だとする指摘は学問的に成り立たないと述べる、よく知られた古代史研究者もいる。

しかし、『播磨国風土記』の揖保《いひぼ》郡の条には、「上岡の里《かみをか》」の地名ができた理由として、ここに出雲国の阿菩《あぼ》の大神がとどまったことから、「神阜《かみをか》」と名づけたのがもとだと述べられている。『風土記』は八世紀の成立で、まだ甲乙の区別が厳格だったはずなのに、「上」と「神」とを相通ずる語として扱っているのである。

また、髪《かみ》のミも甲類で神のミ（乙類）と音が違っていたが、髪を神とみなしていたことをうかがわせる考古学上の遺物、民俗事例は少なくない。これについては詳しく述べる余裕がないので、拙著『葬儀の民俗学』に説明をゆずらせていただく。ただし一つだけ、はるかな昔には髪が神にきわめて近い概念を示す言葉であったことを裏付ける事実として、人または「鬼」の頭髪を神体ないしは寺宝としている（あるいは、していた）社寺が少なくとも一〇カ所近く確認できることを記しておきたい。

さらに、奈良時代には四段活用の動詞の已然形《いぜん》（例えば、「行けど」のケ）は乙類だが、命令形（「行け」のケ）は甲類であった。一つの動詞の活用語尾が甲・乙に分かれていたのである。

これらの事実から、甲・乙の音差を絶対視することには疑問を覚えずにいられない。そもそも日本語には母音交替の現象が広くみられるばかりか、k音とh音、m音とn音など子音が交替することも珍しくないのに、甲・乙のわずかな違いによって語源の同一性を否定することが正当かどうか。

ただし、お断りしておきたいが、わたしは「甲斐」とは「峡」のことだといっているのではない。旧国名は、郡名を踏襲した場合を含めて、指す範囲が非常に広いため、その名前が国内（または郡内）のどこに起源をもつのかわからず、したがって本来の特徴をつかめない。阿波《あわ》と安房《あわ》を唯一の例外として、あとはみな音が異っている。だから、地名研究の王道である比較という方法を使うことも難かしい。

その結果、石見《いわみ》は「海岸に岩の見られる国」、安芸《あき》は「秋の国の意」、土佐は「都から遠去《とおさ》かった国」などといった、語呂合わせとしか受け取れない語源説が語られることにもなる。日本の地名学は、旧国名の由来を説明できるレベルには、まだ達していないと思う。

第7章　半俗宗教者が住んだ（山奥の）地名

㊲私市・私都（ともに、きさいち）／象潟（きさかた）

- 大阪府交野《かたの》市私市《きさいち》
- 鳥取県八頭《やず》町の私都川《きさいち》
- 埼玉県加須《かぞ》市騎西《きさい》
- 秋田県にかほ市象潟《きさかた》町

古代、朝廷や皇族、各地の豪族に隷属する部民《べみん》（ブミン、ベノタミとも）と呼ばれる人びとの集団がいた。

彼らのうち、皇后（后妃）のために設定された者たちを「キサキベ」といい、「私部《きさきべ》」と書いていた。「后妃《きさき》」に「私」の文字を宛てたのは、古代の中国で皇后に付属する官を私官・私府と称していたことなどに、ならったのである。

キサキベはまた、キサキツベともいった。ツは「天《あま》つ羽衣《はごろも》」「沖つ白波」などのツで、所有を意味する「ノ」と同義の助詞である。このキサキツベがキサイチべに転訛したため、それに「私市《きさいち》」「私都《きさいち》」の漢字を用いるようになったが、それまでに「べ」の音も、「部」の文字も脱落したのである。

「都《みやこ》」は繁華な場所であるところから、イチ（市）と読ませたのであろう。要するに、私市・私都はキサキべの居住地に付けられた地名であった。大阪府交野市の私市の隣には、私部《きさべ》の地名が残っている。

鳥取県八頭町では、「キサイチ」の付く正式地名は、すでにない。中世には私部《きさいち》郷があり、戦後になっても上《かみ》・中《なか》・下《しも》を冠称する私都《きさいち》村があったが、合併によって消滅した。いまは私都川や、私都の名をもつ郵便局などが残るだけである。

埼玉県の騎西は、その文字からは想像しにくいが、やはり皇后領の遺称にほかならない。早く平安時代末に「埼西《きさい》」とも書きはじめたのは、武蔵国埼玉郡の西部域の意味を含めてのことであったらしい。さらに騎西の字を用いる一方で、私市《きさい》も併用していた。中世の武蔵七党の一つ、私市《きさい》党《とう》はこの一帯を拠点にした武士団であった。

昭和50年に「復原」された騎西（私市）城。3層の天守構えになっているが、実際は平屋建てだったという。すなわち復原ではない。

秋田県南西部で日本海に接していた潟湖《せきこ》、象潟は幕末まで名勝の地として広く知られていた。『奥の細道』の旅の途上、ここを訪ねた松尾芭蕉は、その景色を讃嘆して、

象潟や雨に西施《せいし》がねぶの花

と詠んでいる。

しかし、その湖は文化元年（一八〇四）の象潟地震で地盤が隆起し、ほぼ完全に陸地化してしまった。

「象」の字をキサと読むのは、象《ぞう》の古名をキサといったからである。キサはまた、赤貝の古名でもあった。この語の原義は、木目《もくめ》のような模様のことである。周知のように、赤貝には縦筋《たてすじ》がたくさん並ん

でおり、それゆえにキサ、キサガイと呼ばれたのである。もともとは、このような条理模様を「象《かたち》」の文字で表記していたが、その「象《きさ》」の字が同時に動物の象をも指していたため、漢字が渡来したころ日本にはいなかった象をキサというようになったのではないか。

いずれにしろ、象潟と象とは、もちろん関係がない。象潟の地名は、あるいは「キサガイのいるところ」の意であったかもしれないが、それを裏付けるに足るだけの証拠はないようである。あるいは、そういう条理模様の岩盤でできていたか。飛鳥の地に象《きさ》の小川という万葉の名勝もあるが、こちらは岩の模様によると思われる。

㊳ 太秦（うずまさ）／斑鳩（いかるが）

- 京都市右京区太秦《うずまさ》
- 大阪府寝屋川市太秦《うずまさ》
- 奈良県斑鳩《いかるが》町
- 兵庫県太子町鵤《いかるが》
- 栃木県足利市鵤木《いかるぎ》町

京都の太秦が渡来系の秦《はた》氏一族の根拠地であったことは、ちょっとした辞典類ならみな記している。七世紀初頭の建立と伝える同地の広隆寺は太秦寺《うずまさでら》、秦公寺《はたのきみでら》などとも呼ばれ、秦一族の氏寺であった。

『日本書紀』雄略天皇十五年条には、次のような一文が見えている。

　詔《みことのり》して秦《はだ》の民《たみ》を聚《と》りて、秦酒公《はだのさけのきみ》に賜《たま》ふ。公《きみ》、仍《よ》りて百八十種勝《ももあまりやそのすぐり》を領率《ひき》ゐて、庸調《ちからつき》の絹縑《きぬかとり》を奉《たて》献《まつ》りて、朝庭《みかど》に充積《つ》む。因《よ》りて姓《かばね》を賜《たま》ひて禹豆麻佐《うつまさ》と曰《い》ふ。

雄略が「秦酒公」という人物に、秦氏一族の統率権を許したので、酒公は感謝して多数の部下を率いて絹・固織《かたお》りの絹を奉って朝廷に積んだ。天皇は、その返礼に「ウツマサ」の姓を与えたということであろう。

この話は後世、秦氏が有力氏族に成長したあと作り上げた説話だと考えられているが、『書紀』が成立した八世紀初頭には、秦氏と「ウツマサ」の称号がすでに結びついていたことは否定しようがない。

それではウツマサとは何のことだろうか。秦氏の献上した絹糸が高く積まれて、その形が巴渦《ともえうず》に似ていたから、「うづまさ」と呼ばれるようになったとする説があるが馬鹿げている。

「ウ」とは「績《う》む」（麻《お》・苧《お》などを細く裂き長くつないでより合わせる、の意）の語根であり、「麻《お》」「苧《お》」（ともに麻《あさ》の古名）と相通ずる言葉ではないか。「ツ」は前節でも触れた「天つ羽衣」「沖つ白波」などのツで、今日の「ノ」にひとしい。そうして「マサ」は漢字で書けば、「正《まさ》」「勝《まさ》」とでもなるだろう。右の推測が当たっているとしたら、ウツマサとは「績《う》つ正《まさ》」すなわち「機織《はたおり》の長《おさ》」ということになる。これが見当はずれの指摘であったとしても、「太秦」の漢字が秦氏の統率者を指していることは、まちがいないと思う。

大阪府寝屋川市にも太秦《うずまさ》の地名がある。やはり太秦寺があり、西隣を秦町《はだ》という。秦氏に由来することは明らかだが、その沿革は京都と異なってはっきりしない。

このほかにも、秦氏にかかわるとみられる「ハタ（ハダ）」の音をもつ地名は各地におびただしく、おそらく数百にはなるだろう。

斑鳩《いかるが》の方は、ずっと解釈が容易である。

イカルガは鳥の名で、今日ではイカルと呼ぶことが多い。大きさはムクドリくらい、翼に白い斑紋があるので、ハトよりはいくぶん小さいが、「斑鳩」の字を宛てたと思われる。

奈良の斑鳩地方にこの地名が付いたころ、そのあたりにはイカルが群れ飛んでいたのであろう。同地の法隆寺が斑鳩寺《いかるがでら》の別称をもち、その近くに斑鳩神社があることを考えると、聖鳥とみなされていたのではないか。

兵庫県太子町では地名に「鵤」の文字を用い、斑鳩寺、斑鳩公民館、斑鳩小学校などでは奈良と同じ表記を使っている。鵤は国字（日本で作った漢字）である。

栃木県足利市の鵤木《いかるぎ》も、おそらく同趣旨の地名であろう。渡良瀬川左岸の田園地帯に位置しているが、いまもイカルが多いかどうか確かめていない。

㊴ 清博士（せいばかせ）

●長野県木曾町新開字清博士《せいばかせ》

平安時代中期の陰陽博士《おんみようはかせ》、安倍晴明《あべのせいめい》にまつわる伝説を残す土地は各地に少なくない。しかし、そのものずばりの地名が付いたところは、かなり珍しいのではないかと思う。

清博士は御嶽山《おんたけさん》（三〇六七メートル）東方の山間地に位置する、ほんの数戸の集落で、地内に晴明の墓と伝える、やや古い二基の五輪塔がある。そばには道祖神《どうそじん》など何基もの石塔が立ち、その一つには「教開霊神」と刻されている。「教開」は、おそらく「境界」の宛て字であろう。とにかく普通の農村とは、ちょっと違った歴史を感じさせる小村である。

山中の一隅になぜ、こんな地名が付いたのか。ここは陰陽師《おんみようじ》と何か関係があるのか。

古代の陰陽道は、中国の陰陽《いんよう》五行説にもとづいて天文・暦数・卜筮《ぼくぜい》・相地などを扱う知識の体系で

長野県清博士集落に残る「安倍晴明の墓」。中央の石像は近ごろ建てたものである。

あった。もとから半分は科学、半分は迷信の理論化といった性格をもっており、のちには俗信化がすすむことになる。中世以降では加持祈禱《かじきとう》の技術、遠慮ない言い方をすれば「お祈り」「おまじない」を指していたといってよいだろう。そのような業に従事する者は、まず例外なく史上で最も名高い陰陽師、安倍晴明の流れをくむと称していた。

彼らは、その職掌を加持祈禱にかぎっていたわけではない。求めに応じて葬送のことに当たり、土《ど》公神《こうじん》（荒神の一種）鎮《しず》めも行った。ときに医薬の業にかかわり、また農にも従った。要するに、生きていくために、いくつもの仕事を兼ねることが珍しくなかったのである。

しかし、常に宗教者としての一面を失うことはなかった。すなわち半僧半俗である。そのような集団に対する呼び名は、ほかにも博士《はかせ》、俗聖《ぞくひじり》、毛坊主《けぼうず》、山伏、修験などいろいろあって、そのあいだの区分はきっちりしていなかった。

清博士から六〇キロばかり北西の岐阜県高山市荘川町岩瀬には「ハカセガノ」と呼ばれた地があり、白川郷一帯を旦那場とする毛坊主たちが住んでいたと伝えられる。ハカセガノは「博士ケ野」の意と思われ、彼らは寺院の少ない山間地で死者があれば出向いて葬式の世話をしていたようである。

彼らは、しばしば村里から遠く離れた場所に居住し、また山や谷を越えて広い範囲を歩きまわっていた。定住農民からは、どこかの山奥で暮らしているかのように思われがちであったろう。山中の峠や、分水嶺の山によくみられる、

● 博士《はかせ》峠　福島県会津美里町・昭和村

●山伏峠　岩手県雫石《しずくいし》町・西和賀町
●山伏峠　静岡県裾野市・神奈川県箱根町
●山伏《やんぶし》　静岡市葵区井川・山梨県南巨摩郡早川町（標高二〇一四メートルの山。山伏《やんぶし》岳とも。西方に山伏峠もある）
●婆娑《ばさ》羅峠　静岡県下田市・松崎町（バサラは密教の護法童子の一、金剛童子《こんごうどうじ》のこと）
●馬佐《ばさ》良峠　鳥取県南部町
●聖《ひじり》山　広島県安芸太田町
●聖岳　佐賀県多久市・大町町《おおまちちょう》

などの名は、そのような事情のもとに生まれたと考えられる。ただし、行場《ぎょうば》の存在によって付いた場合もあったようである。

㊵ 小童（ひち）／小童谷（ひじや）

●広島県三次《みよし》市甲奴《こうぬ》町小童《ひち》
●岡山県真庭市小童谷《ひじや》
●宮崎県日向市日知屋《ひちや》

日本の地名には奇妙、不可解なものが少なくないが、小童、小童谷などは、その典型例の一つであろう。

なぜ、こんな読み方をするのか、それは何のことか。わたしに人を納得させられるだけの解釈ができるわけではないが、本書のようなテーマを扱う以上、一応の推測を試みておきたい。

茨城県下妻市に肘谷《ひじや》という地名がある。これが泥谷《ひじや》の意であることは、まず間違いない。「土方《ひじかた》」「泥谷《ひじや》」などの地名、姓からも想像されるように、「ヒジ」とは土の一種、粘土のような粒の細かい土のことである。「ヤ」は湿地帯のことだから、肘谷（泥谷）の意味は見当がつく。

それでは岡山県の小童谷《ひじや》も、これであろうか。二つの理由から違うというほかない。まず用いられている文字が、土とはかけ離れすぎている。次に近畿地方以西で、「谷」を「ヤ」と読むことは原則的にない。ほとんどの場合、「タニ」と読む。つまり「谷《や》」なる言葉は、なかったのである。まれに見られる例は、たいてい「屋」などの宛て字であり、小童谷の「谷」もそれであろう。

小童《しょうどう》とは、むろん子供のことである。しかし、ただの子供のこととは思えない。わざわざ理解に苦しむような読み方をさせた小童は、結局のところ「尸童《よりまし》」以外にないのではないか。ヨリマシは「憑坐」とも書き、『広辞苑』には、

神霊を招いて乗り移らせるために、祈禱師が伴う童子。人形を用い、祈り終って川に流すこともある。

と説明されている。

ヨリマシは、元来は子供に限らなかった。ただ、現実には子供か女性が多かった。後者の例としては、東北地方のイタコや沖縄のユタが、よく知られている。成人男性が少なかったのは、要するに催眠状態になりにくいからである。憑依とは、つまりは自己催眠のことであり、ヨリマシには子供の方が成人女性より、さらに適していた。「六つ前（七つ前とも）は神の子」の言葉は、その辺のことを指しているのであろう。

高知県須崎市浦ノ内の鳴無《おとなし》神社の秋祭りでは、いまもヨリマシ役の子供が祭礼の主座をつとめている。子供は必ず二人いて、それぞれイタジョ（イタジョウ）、ギョウジと呼ばれる。平成二十一年十

月十一日の祭りでは、前者が五歳の女児、後者が四歳の男児であった。祭りとは年に一度、神を氏子のもとへお招きする行事のことだが、その神が憑《つ》くのが二人の子供である。すなわち、子供が神の代理になる。

こんな古式を残すところは、もう珍しいと思うが、かつては土佐国だけで少なくとも一〇カ所近くあったことが資料で確認できる。

世間の者は、成人男性には神が憑きにくいことを知っていた。だから男の祈禱師は、しばしば子供を連れ歩いたのである。それは他人の子のこともあったろう。一二世紀の『梁塵秘抄』には、次のようなはやり歌が見えている。

　わが子は十余に成りぬらん、巫《かうなぎ》してこそ歩《あり》くなれ、田子の浦に汐《しほ》ふむと、いかに海人集《あまびとつど》ふらん、正《まさ》しとて、問《と》いみ問はずみ嬲《なぶ》るらん、いとをしや。

高知県鳴無神社の秋祭り。中央の子供２人がヨリマシ役である。そのうしろの女性を「モリバア」と呼ぶ。氏子代表２人がヨリマシとモリバアに柄の長い唐傘をかざしている。それは神に仕える姿を象徴している。

十歳かそこらで一人旅をしていたわけではあるまい。おそらく祈禱師に伴われてのことであろう。これは、その子をあずけた（というより売った）実の親の悲しみを歌ったものだと思われる。「小童」とは右のような意味でのヨリマシであったとしても、それがなぜ「ヒチ」「ヒジ」と読まれるのか。

これは柳田國男も『毛坊主考』で述べているように、結局、「ヒジリ（聖）」の下略と考えるほかないのかもしれない。これが当たっているとすれば、小童《ひち》、小童谷《ひじや》は半僧半俗の宗教者たちが住んだことによって付いた地名ということになる。

広島県三次市の小童は、一一世紀末に朝廷が京都祇園社に寄進した神供料所《じんく》（神社費用の調達領）だとされており、古くから信仰とのつながりが深かったようである。この事実は、先の推測をいくぶんか裏付けている可能性もある。

宮崎県日向市の日知屋も興味ぶかく、かつ難解な地名だが、岡山県真庭市の小童谷と同趣旨の由来をもつかもしれない。

㊶ 乙女（おとめ）／八乙女（やおとめ）

- 宮崎県日之影町岩井川字乙女《おとめ》
- 栃木県小山市乙女《おとめ》
- 愛知県岡崎市東部の乙女川《おとめがわ》
- 北海道札幌市手稲区手稲金山《ていねかなやま》の乙女ノ滝《おとめのたき》
- 福島県只見町塩ノ岐《しおのまた》字八乙女《やおとめ》

右のような地名には、容易に想像されるように、しばしば若い女性をめぐる哀話が語り継がれている。地名を扱った本の中には、そのような伝承を長々と紹介して、おしまいといったものがよくある。しかし本書では、昔のもの知り顔が文字づらから考えついたような説話類には触れないことにしたい。

地名の「オトメ」には二つの意味があると思う。

一つは「留場《とめば》」「御留場《おとめば》」に由来している。そこは領主によって一般の者は立入りを禁止されていた。禁足地である。前に触れた、古代の点野《しめの》、禁野《きんや》に似ているといえよう。そこが山なら「留山」「御留山」といい、川であれば「御留川」である。

留山は地方によっては「直山《じきやま》」「立山《たてやま》」などとも呼んでいた。もっぱら木材の独占を目的にしていた場合もあったし、鷹狩り用の原野の確保をはかってのこともあった。ほかに「留木《とめき》」というのもあった。そこでは特定の樹種の伐採を禁じていたが、これは規制が強くなると留山と同じことになってしまう。

御留川は禁漁河川のことである。ただし、川漁師に利用を認める代わりに、それに見合う税を負担させることが、よくあったらしい。

オトメの地名は、だいたいはこれらの「御留場」によっていると思われる。ところが、それでは説明できない例がある。「乙女の滝」と「八乙女」である。「乙女」の名をもつ滝は珍しくない。先の札幌市のほかに、

- 山梨市三富川浦《みとみかわうら》の乙女滝
- 長野県佐久穂町大日向《おおひなた》の乙女ノ滝
- 栃木県那須塩原市板室の乙女の滝
- 福島県金山町本名《ほんな》の八乙女滝

などがある。

これらはみな、かなりの山中にあって河川の源流域か、それに近いところに位置している。現地を訪ね、あるいは地形図を調べてみると、どうやら「魚止《うおど》め」の滝の意であると判断される。魚はウオともイオともいった。ウオドメ、イオドメが訛ってオトメ、ヤオトメになったと推測してよいだろう。

山梨市の乙女滝は笛吹川の最上流域で、その支流の出合い近くにある。この一・五キロほど上流には魚留滝《うおどめだき》もある。混同を避けるため、だれかが一方に「乙女」の文字を宛てたのかもしれない。

福島県只見町の八乙女は滝の名前ではない。しかし、集落のすぐ上《かみ》で塩ノ岐川が長さ数十メートル、落差数メートルの早瀬をなして流れ下っており、これを「魚止め」とみたのではないか。

ただし、どこの「魚止め」によらず、そのさらに上流に魚（右の例では主にイワナ）が棲んでいることは少なくない。これは昔の職漁師が、いつのころにか滝上に魚を放流して釣り場を広げた結果だと考えられる。

なお、札幌市の乙女ノ滝の命名は、そんなに古いことではあるまい。せいぜいで幕末以降ではないか。内地からの移住者が「魚止めの滝」といっていたのが訛ったか、初めから「魚止め」の意を込めて「乙女」と名づけたか、のいずれかであろう。それまではアイヌ語の名で呼ばれていた可能性がある。

㊷ 廿六木（とどろき）／百笑（どめき）／百々女鬼（どどめき）／土泥（とどろ）／堂々（どうどう）

右はいずれも、水の音によって付いた地名である。すなわちトドロキ、ドヨメキ、ドドメキ、ドウドウなどの言葉が地名化されたのである。

これらの語を表記する適当な漢字がなかなか見つからないためであろう、「轟」を除くと不自然な宛て字が多く、難読地名になりやすい。だいたいは内陸の急流の近くで、海の波音にもとづくこの種の命名は、ごく少ないと思う。その分布は全国にわたっており、各都道府県から一つずつ例をひろってみる。

- 北海道鹿部町・森町境のトドメキ川
- 青森県階上《はしかみ》町平内《ひらない》字百目木《どめき》
- 岩手県一関市花泉町金沢《かざわ》字動目記《どうめき》

●秋田県仙北市西木町門屋字道目木《どうめき》
●宮城県加美町百目木《どうめき》
●山形県庄内町廿六木《とどろき》
●福島県いわき市内郷高野町《うちごうこうや》字銅目木《どうめき》
●栃木県さくら市鷲宿《わしじゅく》 字百目貫《どうめき》
●群馬県みなかみ町相俣のドウドウセン（既述のようにセンとは滝のこと）
●茨城県常陸太田市天下野《けがの》町字百目木《どうめき》
●千葉県富津市二間塚《ふたまづか》字百目木《どうめき》
●埼玉県秩父市大滝字十々六木《とどろき》
●東京都世田谷区等々力《とどろき》
●神奈川県川崎市中原区等々力《とどろき》
●新潟県燕市杣木《そまぎ》字廿六木《とどろき》
●長野県駒ヶ根市中沢字百々目木《どどめき》
●山梨県南アルプス市百々《どうどう》
●富山県射水市枇杷首《びわくび》字百米木《どめき》
●石川県輪島市門前町百成《どうめき》
●福井県永平寺町轟《どめき》
●静岡県磐田市百々《どど》（現宮本の古名）
●岐阜県関市富之保字百々目木《とどめき》
●愛知県西尾市道目記《どうめき》町（上と下がある）

- 三重県鈴鹿市神戸《かんべ》の百々川《どどがわ》橋
- 滋賀県多賀町東部の百々女鬼《どどめき》川（犬上川の支流）
- 京都府福知山市三和《みわ》町菟原下《うばらしも》の轟　水《とどろきみず》（湧泉の名前。もとは岼ケ鼻《ゆりがはな》川へ注いでいた）
- 兵庫県豊岡市竹野町　轟《とどろき》
- 大阪府岸和田市額原町の轟《とどろき》　川（春木川上流の名前）
- 奈良県桜井市白河《しらが》の迹驚　淵《とどろきぶち》（『日本書紀』にも見えるが、この名はすでに消滅）
- 和歌山県田辺市和田字堂目木《どうめき》
- 鳥取県倉吉市動々《どうど》（現福積の古名）
- 島根県雲南市三刀屋《みとや》町中野字堂々《どうどう》
- 岡山県真庭市蒜山《ひるぜん》上長田《ながた》字道目木《どうめき》
- 広島県神石高原《じんせきこうげん》町時安字　轟《とどろき》
- 山口県阿武町宇生賀《うぶか》のドウドウの滝
- 香川県観音寺市木之郷町字百々《どうどう》
- 愛媛県久万高原町渋草字土泥《とどろ》
- 徳島県阿南市福井町動々原《どうどうばら》
- 高知市春野町弘岡中字百笑《どめき》
- 福岡県直方市上頓野《かみとんの》字道目木《どうめき》
- 佐賀県玄海町轟木《とどろき》
- 長崎県西海市大瀬戸町多以良《たいら》内郷《うちごう》字道目木《どうめき》
- 大分県中津市本耶馬渓《ほんやばけい》町折元の洞鳴《どうめき》瀑布

山形県大江町左沢付近の最上川。正面あたりの小地名を百目木（どうめき）という。「百」は10の10倍の意でトト、ドド、ド、ドウなどと読ませた。

●宮崎県延岡市土々呂《ととろ》町
●熊本県南小国町満願寺字動馬喜《どうめき》
●鹿児島県肝付《きもつき》町波見《はみ》字轟《とどろ》
●沖縄県石垣市白保の轟川《とどろきがわ》（河川名）

＊

❖地名コラム 7 大字・字・小字と地名の数

お気づきのことと思うが、本書では地名表示の中でしばしば「字《あざ》」の文字を用いている。直近の例で示せば、
●青森県階上町平内字《あざ》百目木
●鹿児島県肝付町波見字《あざ》轟
などである。この字とは一体、何だろうか。

まず、階上《はしかみ》町や肝付《きもつき》町は現行（平成二十二年春）の自治体名である。当然、役場があり、議会があり、町長や町の職員がいる。

平内《ひらない》と波見《はみ》はもちろん、その中の一区域を示しており、「大字《おおあざ》」と呼ぶ。これまで、いちいち大字と記さなかったのは、煩雑を避けるためである。

大字は、江戸時代末の村の名前を踏襲したものだと説明している本、資料が多い。柳田國男の『地名の研究』によると、明治十九年（一八八六）に内務省地理局が印刷した「地名索引」には、幕末に存在した一九万余の町村が列記され、これがのちの大字に当たるとみてよいという。しかし、

近年の研究で天保六年（一八三五）成立の「天保郷帳」には、全国で六万四〇〇〇ほどの村名しか載っていないことが明らかになっている。村にくらべてずっと少数の町を名乗っていた地域を含めても、これでは計算が合わない。一九万余は、本村のほか枝村（枝郷《えだごう》）を合わせた数であろうか。

その辺を確かめたいと思っても、「地名索引」は関東大震災で焼失して現存しない。ただ、先の柳田の記述に加え、明治三十九年に政府が調査した全国の神社数は一九万三〇〇〇ほどであり、これらの多くが江戸期の村の氏神だと推定されることから、旧村すなわち大字の数は二〇万弱と考えて大過あるまい。

字は大字の下部単位だが、その概念には曖昧なところがある。この単位は行政上、正式には採用されておらず、例えば公式文書であっても書き込む必要がない。使っている場合も、便利だからそうしているだけのことで、本来は大字何番地で十分である。

現行の字には不自然な人為が加わっている。

柳田國男によると、内務省は明治八、九年ごろ全国の自治体（多くは江戸期の村の広さであった）に、一分《いちぶ》一間《いっけん》すなわち六〇〇分の一の大地図を作らせた。ちょっと大きな町村では、この地図はどんなお寺の本堂にも広げられなかったので、同時に小さく切った「切絵図」が作られた。いま使われている字は、この絵図に付けた表題であるという。だから元来の字とは違う。大部分は、それまでの字をいくつか併合してあって、もとの字はもっと狭い範囲を指していた。

これらの膨大な資料も、正本はすべて関東大震災で灰燼《かいじん》に帰してしまった。地方によっては副本や、大地図の作製資料が残っているところもあったが、これも第二次大戦をはさんだ長い時間の経過によって消失したり、保存されていてもどんな性格のものかがはっきりしなくなっていたりで、もはやだれにも全容は把握できない。

現在、各地の法務局や、たいていの自治体が「字図《あざず》」を所有している。大字内の字の位置関係を図示した一種の地図である。精粗さまざまなうえ、どんな原資料にもとづいて、いつごろ作られたものか判然としない場合も少なくない。しかし、これが利用できる唯一の字《あざ》地図である。

字図に載っていても地域住民のだれも知らない地名もあれば、載っていないのに現実に使用されている小地名も珍しくない。また、図の位置が全く違うとしか思えないこともある。

字は、一つの大字に平均して数十はあるだろう。数百といったところもある。一〇字以下は、ごく少ない。柳田は、平均して五〇とすると、二〇万の五〇倍で総計一千万と計算している。

字は大字と区別して、ふつう小字《こあざ》と呼んでいる。しかし、これよりもっと小さい単位地名が存在し、それを小字と呼ぶときには中字《ちゅうあざ》と称することもある。また、大字と字との中間単位の地名を中字とする場合もある。

本書で用いている字は、大字の下部単位の地名といったほどの意味で、各自治体では字として扱っていないものも含まれているかもしれない。

字図を入手するには、それぞれの土地へ出向いていくしかない。各法務局には字図がそろっているが、これは不動産の権利関係を知るためのもので、自治体のそれと少し違っていることもあるようだ。一方、市町村の中には、字図がない（または職員があることを知らない）ところもある。あってもコピーを許していない役所があり、わたしは情報公開制度を使ったこともあった。国民の共有財産なのに情ない話である。

近ごろの自治体の史誌類には、何らかの形で字図を収録しているものも珍しくない。これは研究資料としての重要性を理解している編纂担当者が、いたからであろう。もっと多くの史誌が、あとにつづいてほしいと思う。

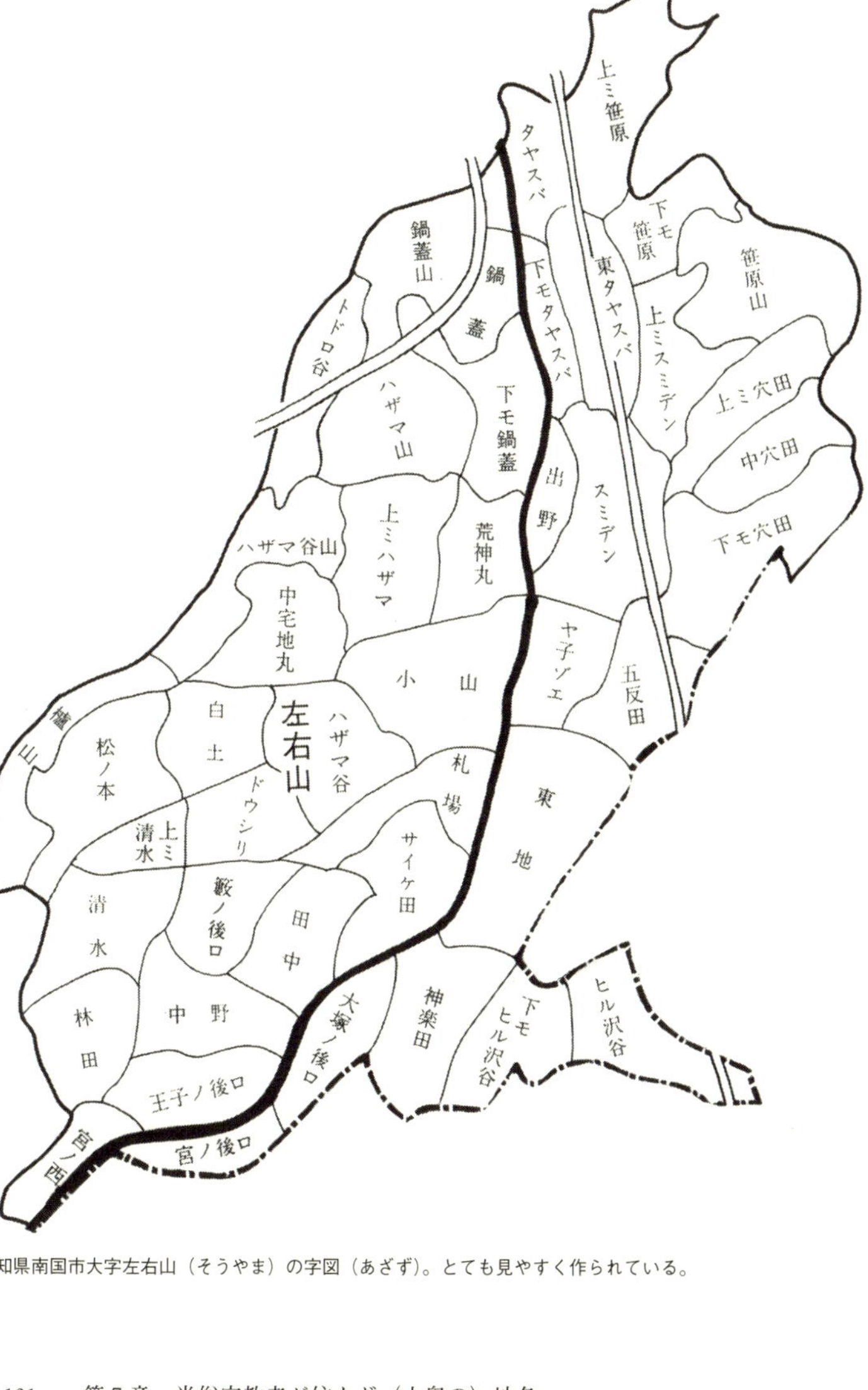

高知県南国市大字左右山（そうやま）の字図（あざず）。とても見やすく作られている。

第8章　行商人の集住地「連雀」は東日本に多い

㊸十六島（うっぷるい）

●島根県出雲市十六島《うっぷるい》町

島根半島北岸では最大の同名の湾と、そこへ突き出した同名の岬（十六島鼻）もあり、とくに山陰地方の人びとにはおなじみの、しかし奇妙なひびきの地名ではないだろうか。それにしても、こんなに理解しがたい音と宛て字の地名も珍しい。

なぜ、こんな読み方をするのか、それは何を意味するのか、どんな本、資料を見ても、なるほどと納得できる説明はない（と思う）。わたしに妙案があるわけでもないが、ひととおりの理屈はこねておくことにしたい。

このあたりには、きわめて古い地名が多く残存している。八世紀に成立した『出雲国風土記』の楯《たて》縫《ぬい》郡の条に見える半島西部北岸の主な地名と、その現在の呼称との比較を次に示してみる。

●佐香《さか》の浜－坂浦
●己自都《こしづ》の浜－小伊津《こいづ》浦
●御津《みつ》の浜－三津《みつ》浦

●能呂志《のろし》の浜－遺称はない。唯浦《ただ》のことか。
●鎌間《かまま》の浜－釜《かま》浦
●於豆振《おつふり》の埼《さき》－これが十六島鼻《うつぷるい》か。後述。
●許豆《こづ》の浜－小津《こづ》浦

これは『風土記』の記述どおり、東から西へたどったものである。一帯には、いまも限られた浦（漁村）しかなく、疑問を付しておいたところも含めて、右の比定にまず誤りはあるまい。見てもわかるように、一三〇〇年以上も前にできていた地名の多くが、表記は違っていても現在も、そのまま使われている。

ただし、「於豆振《おつふり》」については、写本によって別の文字になっているが、それらは現存の地名に該当するものがなく、かつ音も不自然なので右のとおりとして推論を進めたい。

上代の日本語には促音（今日、小さな「ッ」で表している音）は、なかったようである。したがって、ウップルイが古代に生まれた地名であれば、もう少し違った音でなければならない。その点でも、オツフリはウップルイのもとの音であった可能性が強くなる。すなわち、先のコシヅ（己自都）がコイヅになった（イ音便）ように、オツフリがウップルイになる（促音便）ことは、おおいにあり得る。

それでは、オツフリとは何のことか。オツフリのオツは、おそらく地形語「ウツ」の音転ではないかと思う。というより、わたしには他の考えが思い浮かばない。

ウツは「虚《うつ》ろ」のウツと同源の語で、「穴」「洞窟」のことである。ウタ、ウト、ウド、ウトウなどと変化し、これに由来する地名は、静岡県の東海道の名所・宇都谷《うつのや》峠など、ほとんど無数に存在する。それは袋状の窪んだ地形をも指し、この場合には既述のフロ、ホラに近くなる。

十六島湾沿いには海食洞窟が多いようだが、よく知られているのは湾南西部の「猪目《いのめ》の洞窟」である。ここのことは『風土記』にも、かなり詳しく述べられている。それによると、たとえ夢であっても、この洞窟のそばへ行ったら必ず死ぬとされていて、人びとは「黄泉《よみ》の坂」「黄泉の穴」と名づけていた。要するに、当時すでに特別の場所と考えられていたのである。

　これは決して荒唐無稽な説話ではない。戦後、ここから一三体の埋葬人骨が出土しており、その中には種子島以南にしか生息しないゴホウラ貝製の腕輪をはめた弥生時代の人骨も含まれていた。当時から葬所として利用されていたことになる。その事実が「黄泉の穴」の伝説を生んでいたのである。穴の七〇〇メートルほど西に鵜峠《うど》という名の漁村があるが、これはウツ（洞穴）の意ではないか。

一方、オツフリのフリは、『日本書紀』にも見え、また現在も長崎県壱岐島あたりで広く地名に付けられている「フレ」と同じ語かもしれない。これについては、次のコラム「朝鮮語と地名」で取り上げたいが、ひとことでいえば「村」といったほどの意味である。したがって、もし右の推測が当たっているとすれば、オツフリは「洞窟のある村、地域」を指すことになる。

国の史跡に指定されている出雲市猪目町の猪目洞窟遺跡。前面は現在、漁船の船揚げ場になっている。

　しかし、そうだとしても、これになぜ、「十六島」の文字を宛てたのか。この疑問を日本語で解することは結局、難しいというほかない。

　山陰地方は古来、朝鮮半島とのつながりが、ことのほか強かった。それは基本的には地理的理由によっている。いま、ほんの一例を挙げれば、出雲市西方の大田《おおだ》市五十猛《いそたけ》町大浦には韓神《からかみ》新羅《しらぎ》神社が現存するし、大浦自体も古くは韓浦《からうら》といっていた。

その西隣の同市仁摩町宅野《にまたくの》には韓島《からしま》と韓島神社がある。

数字の10は現代朝鮮語ではシップ、6はユックであり、16はシムニユッとなる。これが古代に、どんな発音であったのかわからない。おそらく百済《くだら》・新羅・高句麗《こうくり》の各語で違っていたろう。しかし、いずれかの言語で、16はオッフリまたはウップルイに近い発音だったのではないか。

だが以上が、仮にすべて当たっていたとしても、なお大きな疑問が残る。十六島の「島」とは何かである。同湾には猪目町沖の平島と、十六島鼻の先に浮かぶ経島（ともに、ごく小さい）を別にすれば、島らしい島はない。このどちらかを指したのか、もしくは大陸の一部である朝鮮半島から見て、このあたりの海岸一帯を意味していたのであろうか。また、何かの宛て字として「十六」を用いたのかもしれない。

とにかく、この項で述べたことは所詮、頼りない一仮説であることをお断りしておきたい。

㊹ 乞食（ほいと・こじき）／盗人（ぬすっと）

- 福島県西会津町下谷《したたに》字面倉《おもぐら》の乞食岩《ほいといわ》
- 和歌山県新宮市佐野のボイト（通称名）
- 山口県美祢市大嶺町東分のコジキ穴
- 高知市口細山《くちほそやま》字盗人カ谷《ぬすっとがたに》
- 佐賀県有田町大木《おおぎ》の盗人岩《ぬすどいわ》洞穴

高知市西部の盗人カ谷《ぬすっとがたに》へは、子供のころときどき遊びに行った。イタドリ採りが多かった。高知県では山菜といえば、まずイタドリである。

何の変哲もない、うす暗い谷間で、わたしたちはヌスットダニといっていた。てっきり、近年ここに潜んでいた泥棒でも捕まったためにできた俗称だろうと思っていたが、のちに高知市の小字一覧に、ちゃんと載っていることを知った。いまはすっかり宅地化され、当時の面影は全くない。

それにしても何で、こんな地名が付いたのか。かつて、この付近に非定住民の居住地（彼らの隠語でセブリという）があったからに違いないと思う。そのような場所は全国にわたり、ほとんど無数に存在していた。そうして少なからぬところで、戦後まで彼らの姿が見られた。周辺住民は、彼らのことをホイト、コジキ、ヌスットなどと呼んでいたのである。ただ、なにぶん日常のうわさ話でささやかれるだけなので、地名として定着した例は、そんなに多くはない。

栃木県塩谷町の観音岩洞窟。鬼怒川の浸食によってできた自然洞窟で、内部は広さ120平方メートルくらいの楕円形である。この右手にも半分ほどの広さの洞窟があり、ともに20世紀まで非定住民が住まいとして使っていた。

福島県西会津町の乞食岩は、国土地理院の五万分の一地形図にも、一部の分県地図にも載っている。そこは面倉川沿いの幅二〇メートル、高さ一〇メートルばかり、奥行き二－三メートルの岩の窪みで、かつては岩に彫られた落書きが確認できたということである。下谷あたりの戦前生まれの住民なら、自分ではだれかが暮らしているところを見ていなくても、親たちからそう聞いたと話す人が多い。非定住民が、ここをセブリにしていたことは確実である。

「ホイト」「コジキ」の名こそ付いていないが、栃木県塩谷町佐貫《さぬき》の観音岩洞窟も、そうしたセブリの一つであった。この洞窟からは発掘調査によって縄文、弥生、奈良、平安時代、さらには中世、近世の遺物が発見されている。数千年にわたり、居住空間として利用されつづけたのである。

わたしは、ここで少年期を過ごした一九〇九年生まれの、もとは無籍の男性から詳しい聞き取りをしている。両親の仕事は農具の箕《み》の製造・行商・修繕であった。しかし、男性は自分たちのことを「乞食《こじき》」と言っていた。洞窟には、戦後になっても、わずかな数ながら非定住民が住んでいた。似たような使われ方をしていた自然洞窟、岩陰、古墳の石室、横穴墓《よこあなぼ》は各地に少なくない。というより、およそ人が暮らせそうな穴や窪みは、すべてそうだったといっても過言ではないと思う。

山口県美祢市のコジキ穴と佐賀県有田町の盗人岩洞穴は、実は縄文から弥生時代にかけての遺跡である。これらについて、わたしは確認していないが、観音岩洞窟と同じように、かなり遅い時期まで非定住民が生活していて、名称はそのゆえに付いたのではないか。

それでは、和歌山県新宮市のボイトも右のような一例かというと、これが全く違う。

この通称地名は、同市佐野と南隣の勝浦町宇久井《うぐい》との境にあった山城、和田森城山麓の居館跡を指している。一六世紀後半の城主は堀内氏虎、氏善親子で、氏虎は「房州守」を名乗っていた。その「房州殿」が訛って「ボイト」になったようである。

㊺ 人喰谷（ひとくいだに）／人穴（ひとあな）

- 富山県南砺市大鋸屋《おがや》の人喰谷《ひとくいだに》
- 静岡県富士宮市人穴《ひとあな》

一九八〇年ごろインドを旅行中、新聞を見ていたら、「人食い（men eater）が射殺された」という見出しが目についた。何のことかと思ったら、それまで複数の人間を襲っていたベンガル虎が仕留められた話であった。

富山県南砺市の「人喰（ヒトクライともいう）」は、雪崩のことである。

その名の谷は唐木《からき》峠と朴《ほお》峠とのあいだにあり、たいていの地図に載っている。二つの峠は大鋸屋と梨谷を結ぶ旧道の途中にある。この古道は、いまでこそ見る影もないが、昔は小矢部《おやべ》川筋と庄川筋をつなぐ生活道で人馬の往来が絶えなかった。江戸時代、朴峠（標高約八五〇メートル）には番小屋が置かれ、番役が常駐していた。この辺は北国でも屈指の豪雪地帯だが、冬は雪道人足が出て、できるかぎり交通が途絶されないようにしていた。そんなところは五箇山《ごかやま》地方では、ここだけであった。

人びとは多少の無理をしてでも、この峠道を越えようとした。そうして、よく雪崩に遭った。ある年の三月、五二人の通行者が雪崩に襲われ、あとには五二本の杖だけが残されていたため、谷が人を食ったとうわさされたという。これはおそらく伝説だろうが、古来、「谷に食われた」人が少なくなかったことは間違いあるまい。

静岡県富士宮市の人穴は、大字《おおあざ》の名である。すなわち、江戸時代すでに、そういう名前の村があった。いや、鎌倉時代の史書『吾妻鑑《あずまかがみ》』の建仁三年（一二〇三）六月三日条に、新田（仁田）忠常の主従六人が富士山麓の「人穴」を探索した旨の記事が見えるので、地名の起こりは新しくない。

それでは「人穴」とは何か。答の一端は明白である。「穴」は、村の上手にある風穴《ふうけつ》の一つに由来している。富士山の噴火によってできた溶岩洞穴である。周知のように富士山麓には、大小含めて無数の洞穴が存在する。しかし今日、人穴と呼ばれるところは、ここだけであろう。ただ、もっと古くには複数あったかもしれない。中世の旅行記に、その可能性をうかがわせる記述が見えている。

その辺はともかく、人穴の語源について、吉田東伍は『大日本地名辞書』で、「太穴《ふとあな》」の訛りではないかとしている。いかにも吉田らしい奇をてらわない解釈だが、わたしはやっぱり「人がいた穴」

の意味ではないかと思う。

富士山信仰はもちろん、いつとも知れないころに始まっていたろう。しかし、近世に隆盛をきわめた富士講は、長崎の武士の出身といわれる長谷川（藤原）角行《かくぎょう》が開祖であり、角行は一六世紀後半、人穴で修行をしている。角行の墓は人穴の前にあり、そこの人穴浅間《せんげん》神社は角行を祭神の一に祀《まつ》っている。この事実は、もっと古くから人穴が神聖視された場所であったことを示していると思われ、古代・中世にも山岳修験者たちが、ここを修行の場、住居、山への足がかりにしていたとしても不思議ではない。つまり、わたしは人穴の「人」とは、そのような宗教者のことではないかと考えているのである。

その証拠になるわけではないが、戦後も祈禱師の夫婦が穴の前に小屋を建てて生活しながら、どこからかやってくる人びとの依頼に応じていた。夫が死亡したあと、妻は昭和の末年ごろまで小屋に一人で住んでいたという。

㊻ 百済来（くたらぎ）

●熊本県八代《やつしろ》市坂本町百済来《くたらぎ》

百済来は、八代市街で八代海に注ぐ球磨《くま》川の支流、百済来川の上流域に位置している。山間地とはいえないかもしれないが、どちらを向いても里山のような丘陵である。

平成十七年八月、坂本町が八代市と合併するまでは「久太良木《くたらぎ》」の文字を用いていた。江戸期の文献には、「久多羅木」と書いたものもある。また、現行の地図や住居表示では百済来に「クダラギ」の仮名を振った例が多いが、住民は「クタラギ」と発音している。

いずれであれ、この地名が朝鮮半島の古代国家、百済《くだら》からの渡来人の来住によって付いたことは、まず間違いない。

『日本書紀』敏達《びだつ》天皇十二年七月条および是歳《ことし》条に、火芦北《ひのあしきた》の国 造《くにのみやつこ》であった阿利斯登《ありしと》の子、日羅《にちら》のことが長々と語られている。

日羅は日本から百済へ遣わされ、達率《だちそち》という高位の官職についていた。しかし天皇は、新羅《しらぎ》に滅ぼされていた任那《みまな》の日本府復興のことに当たらせるため、日羅を召還する。このとき一緒に日本へ来た百済官吏、徳爾《とくに》らは日羅が百済に不利なことを進言したと思って、日羅を暗殺したというのである。

百済来の百済来地蔵堂。本殿に向かって左手、石段わきの石柱に囲まれた部分が「日羅の墓」である。

話は事実そのままではないだろうが、興味ぶかいことは、「火の芦北」すなわち肥後国芦北郡地方（百済来も、ここに含まれる）の国造の子が、百済の高級官吏であったとしていることである。これは韓国生まれで日本に帰化し知事になった男の息子が、韓国の高級官僚として働いているようなものである。そこからは、当時の両国の交流の深さと、距離の近さがうかがえる。

『書紀』によると、日羅は小郡《おごおり》（現在の大阪市にあったか）の西方の丘に葬られたが、のち「芦北」に移葬されたという。その日羅の墓だと伝えられるものが、百済来字馬場に現存する。確証はないにしても、ここの地名から考えて、阿利斯登（これは古代朝鮮語であろう）、日羅らの故地である可能性は十分にあり得ると思う。

周知のように、「百済」「新羅」「高麗《こま》（のちの高麗《こうらい》ではなく高句麗《こうくり》のこと）」の名が付く土地、河川、寺院、神社などは各地に少なくない。しかし、あとに「来《き》」が付加される例は、ほかにはほとんど例がないようである。

　半島から日本へ移住してくることを「来《き》」の一語で表現するのは、たぶんに上代的であるらしい。例えば、「今来《いまき》の才伎《てひと》」といえば、新しく渡来してきた技術者を指していた。第5章25節で取り上げた奈良県の蛇穴《さらぎ》が、「新来《さらき》」の宛て字だとしたら、これもその一例になる。すなわち、百済来の地名が、渡来人の居住に由来することを傍証していると思う。

　大阪市中央区久太郎《きゅうたろう》町の「久太郎」も、「クタラギ」の音転だとする説がある。しかし一方で、豊臣秀吉の家臣、堀久太郎の邸宅があったことによるとの説もあり、疑問が残る。

㊼ 連雀（れんじゃく）／旦過（たんが）

- ●東京都三鷹市上連雀《れんじゃく》、下連雀
- ●埼玉県川越市連雀町
- ●群馬県高崎市連雀町
- ●静岡県掛川市連雀
- ●同浜松市中区連尺《れんじゃく》町
- ●愛知県岡崎市連尺《れんじゃく》通
- ●岡山県美咲町連石
- ●千葉県木更津市茅野《かやの》字丹過《たんが》
- ●愛知県西尾市下永良《しもながら》町丹過
- ●島根県松江市鹿島町北講武《きたこうぶ》字旦過《たんが》
- ●福岡県北九州市小倉北区魚町の旦過《たんが》市場

連雀とは、柔道着の帯のような幅広の紐のことである。それは荷物を背中にしょって歩くための道具で、背の部分に木枠を付けることもあった。連索《れんじゃく》、連尺、連着《れんじゃく》とも書く。語源については、木枠の左右の下端が鳥のレンジャクの尻尾に似ているからとする説などがあるが、いまひとつ判然としない。

連雀は行商人に必須の運搬具で、だから彼らの代名詞になっていた。すなわち、連雀商人を指す言葉でもあった。中世後期から近世にかけて、彼らが商業活動の重要な一端をになっていた。

その時代、大名たちはしばしば、城下町の特定地域に行商人を集住させる政策をとった。連雀、連尺などは、それが地名となって残ったのである。

例えば、江戸城下の連雀町は、もとは神田にあった。しかし、明暦三年(一六五七)の大火で被災し、その跡が火除地《ひよけち》として没収されたため、新たに設けられた集住地が今日の三鷹市連雀である。

連雀町は東国に特徴的で、滋賀県彦根市(ここには昭和四十五年まで連着町《れんじゃく》があったが、地名変更で消失)が西限だとの指摘がある。たしかに、岡山県美咲町の連石は農村部に位置して、ほかの同音地名とは少し様子が違っているようであり、全く別の由来をもつかもしれない。

旦過《たんが》の「旦」は、元旦の旦すなわち朝のことである。したがって、旦過は「朝、過ぎていく」の意になる。

仏教とくに禅宗の言葉で、元来は修行僧が夕に来て翌朝、去っていくこと、およびそのための宿泊施設を指していた。禅宗系の寺院にはよく、境内に旦過屋、旦過寮が設けられていたようである。

そこへ訪ねてくる者の中には、格好だけの旅僧もいたことだろう。乞食坊主という言葉があるが、物乞いや無銭旅行には、法体《ほったい》が何かと便利であった。仏教の本旨でいえば、来る者は拒まぬはずだから、旦過はやがて無料宿泊所の性格を帯びることになる。

昭和五十二年、筑波大学の調査団によって福島県会津美里町で発見された「連釈之大事《れんじゃくのだいじ》」と題された資料がある。江戸時代後期の書写で、その中に「市立図《いちだて》」が付いている。現実の市の図ではないようだが、注目すべきことは市の門外に道をはさんで「風呂屋」と「タンクワ屋」が見えることである。同資料の原本は、いつできたのかわからない。しかし、中、近世の市には一般に風呂屋と旦過屋が付設されていたか、少なくともかくあるべしと考えられていたのであろう。この場合の旦過屋は、宗教とは関係がない。要するに、善根宿《ぜんこんやど》（無料宿泊所）であった。

北九州市小倉北区の旦過市場は、アーケードの下に二〇〇軒ほどの店が軒を並べ、「北九州の台所」といわれている。ここは、昔の市と旦過とのつながりを今日に残している珍しい場所である。

㊽ 奈良（なら）

- 群馬県沼田市利根町平川字奈良《なろう》
- 千葉県鴨川市奈良林字奈良《なら》
- 同市原市奈良
- 同東金市家之子《いえのこ》字奈良
- 広島県神石高原《じんせきこうげん》町新免字奈良
- 山口県田布施町麻郷奥《おごうおく》字奈良
- 徳島県吉野川市川島町児島字奈良
- 愛媛県鬼北《きほく》町奈良
- 高知県香南市香我美《かがみ》町奥西川字奈良
- 福岡県筑前町依井字奈良

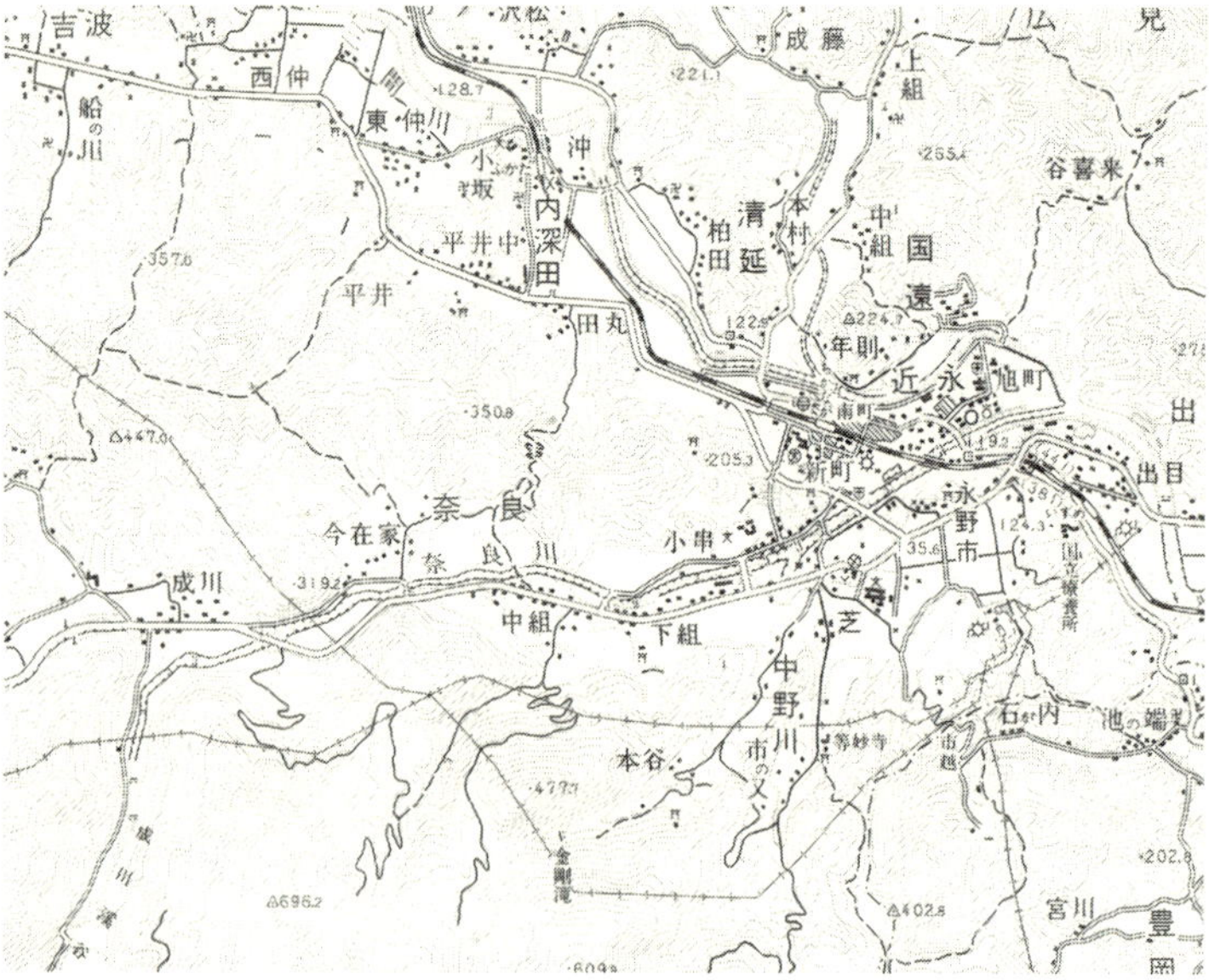

愛媛県鬼北町奈良。下って四万十川に合流する奈良川左岸の河岸段丘である。すぐ西方に見える成川（なるかわ）の地名も、おそらく「鳴川」の意ではなく、川沿いの小平地を指していると思う。

●同田川市奈良

右のうち群馬県沼田市の場合だけは「ナロウ」と読み、あとはみな「ナラ」のようである。

ナラには、ほかに那良もある。奈良井、奈良尾、奈良川、奈良沢、奈良田、奈良野、奈良原、奈良本……など「奈良」の付く地名は少なくない。これらを仮に奈良地名と呼んだら、その総計は少なくとも数千になるだろう。池田末則『古代地名発掘』によると、奈良県だけで「ナラ」の地名が七〇カ所ほどあるという。

奈良とは何か。答は、はっきりしている。それは「均《なら》す」という動詞の語幹に由来し、ならしたような地形、つまり平坦地のことである。ただし、奈良木、奈良ノ木のように、楢《なら》の木にもとづくと思われる例もある。奈良本の一部も、それかもしれない。

平坦地のナラには三つのタイプがあるよ

うに思える。

(1)河川、とくに山中のそれに沿った河岸段丘。(2)急傾斜地つづきの山中にある小平地（緩斜面）。(3)かなり広い平地の一角――である。

ナラはナル、ナロ、ナロウともなり、これらの地名の土地を実際に訪ね、あるいは地形図で観察すると、(1)が最も多く(2)がこれに次いでいるような印象を受ける。高知県香美市物部《ものべ》町は、北東部が徳島県境に接する山間地だが、そこを流れる物部川に沿って、わずか五キロばかりのあいだに四つもの奈呂《なろ》、奈路《なろ》の小字が並んでいる。いずれも(1)か(2)である。

ナルの場合は、第7章42節で取り上げたトドロキ、ドウメキなどと同じく川の水音によると考えられやすい。あるいは、そういう例もないとはいえまい。しかし、だいたいは平坦地を指しているようである。

●岡山県奈義町柿《かき》字阡《なる》
●愛媛県西条市小松町新屋敷字堂ガ平《なる》

などに用いられている宛て字は、少なくとも部分的に、それを裏付けているだろう。

ナル、ナロの語は、今日でも日常的に使用している地方が少なくない。それは動詞か形容詞のように使うこともあり、「この上のナルうなったところ」とか「この先のナロい場所」といった言葉を、わたしは各地で何度か耳にしている。

＊

❖地名コラム 8 朝鮮語と地名

奈良の都の「ナラ」は、朝鮮語で「国《くに》」を意味する「ナラ（나라）」が語源だとする説がある。音がぴったり一致し、その概念にも共通するところがあるともいえるので、もっともらしく聞こえる。しかし少し詳しく検討してみると、この指摘は相当に危なっかしい。

まず나라は現代朝鮮語である。一方、奈良は少なくとも一三〇〇年前すでにナラであった。つまり、朝鮮語起源説は現代語と古代語を前提なしで、いきなり比較している。こういう場合、語音が一致しても必ずしも同一語の証拠とはされない。言葉というのは劇的に変化することがあるので、それだけでは不十分だとみなされるのである。

清瀬義三郎則府《ぎさぶろうのりくら》「日本の中のコリア語の地名」（『日本地名学を学ぶ人のために』所収）によると、一五世紀中葉の中世朝鮮語では、「国」は나라ㅎ（ナラーに近い音ではないかと思う。引用者）とつづられており、いまとは違っていたという。それ以前の語形については全くわからない。朝鮮語には、日本語の『古事記』『日本書紀』『万葉集』のような、ややまとまった古代語の資料が残っていないからである。

一方、日本の方では『書紀』が成立した八世紀初頭ごろ、地名のナラを「均《なら》す」の語と結びつけて考えていたことを示す文章がある。『書紀』崇神天皇十年九月条に次のように見えている。

則ち精兵《ときいくさ》を率《ゐ》て、進みて那羅山《ならやま》に登りて軍《いくさだち》す。時に官軍《みいくさ》屯聚《いは》みて、草木を蹢跙《ふみなら》す。因《よ》りて其《そ》の山を号《なづ》けて、那羅山と曰《い》ふ。（蹢跙、此《これ》をば布瀰那羅須《ふみならす》と云《い》ふ）

右の那羅山は奈良市の北郊、今日の奈良坂付近の丘である。『書紀』の編者は、その那羅山の名は、官軍の兵士たちが草木を「踏み均《なら》した」ので付いたとしているのである。

これはもちろん、地名説話であって事実ではない。しかし、那羅山とは「平山《ならやま》」のことだという意識があったからこそ、この話がつむぎ出されたのである。都の奈良もまた、各地にいまなお残存する多数の「奈良地名」の一つだと考えても不自然とはいえまい（奈良は「平城《なら》」とも宛てられる）。

それにしては広すぎるとの反論は、あるだろう。だが、地名には拡充性がある。もとは、さして広い範囲を指していなくても、のちには奈良盆地全域を含むようになったのかもしれない。都の奈良だけは、ほかのナラとは違うとするのであれば、現代朝鮮語を持ち出しておしまいとするのではなく、それを補強する証拠を示す必要があると思う。

長崎県壱岐《いき》市（壱岐島）に、「触《ふれ》」の付く地名が多いことは、よく知られている。栄触、大石触、久喜触、百合畑《ゆりはた》触……などである。ことに本村触、東触、西触の類は、それぞれ二、三にとどまらない。使用例からみて、これは「村、集落」を指していると思われる。

フレの語で村落を意味することは、現代日本語には、ないのではないか。ただ、『書紀』には見える。神武天皇即位前紀の条および景行天皇四十年七月条の「村《ふれ》」、継体天皇八年三月条の「村邑《ふれ》」などである。このフレは、古代朝鮮語とみるのが通説となっている。

また、江戸時代の福岡藩領には、「触《ふれ》」と呼ばれる広域行政区画があった。一つの触に、しばしば数十カ村が属し大庄屋が置かれた。触名には大庄屋の居村の名を冠することが多く、大庄屋の交替にともなって、よく触名が変わった。この触は「触書き」「お触れ」の意と解することができ、壱岐のそれとは違うのではないか。

それでは壱岐の触は、朝鮮語に由来する地名だろうか。

その可能性はありそうに思えるが、疑問も残る。まず、なぜ壱岐にのみ、おびただしいのかである。同県平戸市生月町《いきつき》（生月島）に元触《もとふれ》があり、うんと飛んで群馬県伊勢崎市に下触《しもふれい》町があるが、とにかく他地方ではごく珍しい。壱岐よりもっと朝鮮半島に近い対馬には、見当たらないようである。

　壱岐の触のように、本来の地名の下に免《めん》、屋敷、丸《まる》、垣内《かいち》（訛って垣外《かいと》、表記はさまざまである）などの語を機械的に付加した例は、各地に少なくない。みな、集落といったほどの意味である。右の免以下が日本語で解釈可能なように、フレも解けないこともない。すなわち、もしフレがハリ（墾《はり》、開墾）の転音だとしたら、のちにそれが村の意味になることはあり得ると思う。

　日朝両地域の地理的、歴史的関係から推測して、日本には朝鮮語にもとづく地名が、ある程度あって不思議ではない。しかし、その確実な例を示すことは、実はかなり難しい。地名も言語も時代とともに変化するうえ、古代朝鮮語は、その実体がほとんどわからないからである。

第9章 「桜」——狭い峠と、岩

㊾ 歌（うた）／善知鳥（うとう）

- 新潟県糸魚川市歌《うた》
- 宮城県南三陸町歌津《うたつ》
- 栃木県宇都宮市宮山田町謡辻《うとうつじ》
- 青森市善知鳥崎《うとうまい》
- 秋田県美郷町千屋《せんや》字善知鳥《うとう》
- 岩手県滝沢村滝沢字卯遠坂《うとおざか》

新潟県糸魚川市の歌は、ＪＲ北陸本線親不知《おやしらず》駅のすぐ東側、歌川の河口に位置している。このあたりは山が海に迫る断崖つづきで、日本海の風波を防げる入江はとぼしい。その中で歌川の河口とその両側は舟を寄せるに、またとない窪みとなっている。すなわちウツ、ウトである。ウツ、ウトは「空《うつ》」「虚《うつ》ろ」と語源を同じくし、まわりを山に囲まれた袋状の地形を指す。ウタ、ウトウ、ウド、ウドウなどとも変化する。

宮城県南三陸町の歌津も、まずこれに間違いあるまい。歌津の前面の伊《い》里前《さとまえ》湾は、南へ向かって両腕のように延びる館崎と小名崎に抱きかかえられたような深い入江で、その奥の船泊《ふなどま》りはウタツ（ウトツ）の名にぴったりである。

栃木県宇都宮市の謡辻は四つ辻ではない。三差路である。うち一本が南側の狭い谷筋へ入り込んでいる。これをウト（ウトウ）と名づけたのであろう。

滋賀県高島市朽木《くつき》雲《う》洞谷《とうだに》も、右とよく似た地形である。ここは中世には「空谷《うとう》」「洞谷《うとう》」とも表記したが、その宛て字はウトウの原義を雄弁に語っている。

青森市の善知鳥崎は、ほとんどの著作物がアイヌ語説をとっているようである。

それらは、ウトウ（善知鳥）はハトくらいの大きさの海鳥で北日本の沿岸で繁殖し、冬期にはもっと南の海上へも飛んでくる、といった説明から始める。生殖期には上嘴《じょうし》の付け根に著しい角《つの》状の突起が生ずることから、アイヌ語で「突起」を意味するウトウの名称が付いたとし、その名の土地は岬、出崎だとする。たしかに、善知鳥崎は青森湾に向かって疣《いぼ》のように、ぽつんと飛び出している。「崎」をマイと読むのも日本語らしくない。青森県には、アイヌ語由来が確実な地名がかなり存在する。これらの理由でアイヌ語説が有力になったのであろう。

しかし、これに対しては、いくつもの疑問がある。

まず、ウトウの音をもつ地名は、アイヌ語地名だらけの北海道には見当たらないようである（地名は無数にあるので、ないと断定はできないが）。逆に本州以南には西日本を含めて、かなり多い。北海道で「歌」の表記を用いた場合、「砂、砂浜」を指すオタの宛て字だとされている。知里真志保の『地名アイヌ語小辞典』にも、「ウトウ」は立項されていない。山田秀三は「アイヌ語地名の話」（『北海道の地名』所収）で、「アイヌ語地名では、岬だけは、どういうわけか名が多い」と述べたうえで、シレトコや既述のエサシなど一〇語ほどを例示しているが、そこにもウトウは含まれていない。

善知鳥崎は、古くは「烏《う》頭前《とうまい》」とも書いていた。これによって、マイとはマエの訛りらしいことがうかがえる。つまり、もとはウトウと呼ぶ地名があって、その前がたまたま岬であったということかもしれないのである。

秋田県美郷町の善知鳥は、岩手県境に近い山間地で四方に山が迫り、いかにもウツ、ウトといった地形である。どんな理由によっていたのか、ここは江戸時代、隠れキリシタンが多かった土地で、寛永十二年（一六三五）七月、一三人の村民が斬首されている。

岩手県滝沢村の卯遠坂も典型的なウツ地形の場所で、どう考えてもアイヌ語とは関係がない。同県盛岡市玉山区門前寺字独活倉《うとくら》は珍しい字を宛てているが、これも右と同趣旨の地名であろう。「独活」は、ふつう山菜のウドに用いる漢字である。なお、クラ（谷川岳「一ノ倉沢」など。嵓《くら》とも）とは岩、岩場を意味している。

㊿ 強羅（ごうら）／五郎（ごろう）

- 神奈川県箱根町強羅《ごうら》
- 長野・富山県境の野口《のぐち》五郎岳《ごろうだけ》
- 富山・岐阜県境の黒部《くろべ》五郎岳《ごろうだけ》
- 山形県小国町今市の五郎三郎沢《ごろうさぶろうざわ》

箱根の著名な地名、強羅《ごうら》は「岩石の露出している小区域」を意味すると指摘したのは、柳田國男である。

ゴウラは地方によってはゴウロともいい、ゴロゴロという擬音語と起源を同じくしていると思う。

地名ではコウラ、コウロと清音になっていることも少なくない。

この語はクラ、クリ、グリとも同系であろう。グリは今日でも建築・土木用語として日常的に使われている。それは拳大《こぶし》の石を指し、コンクリート土間の基礎固めに張り詰めたりする。

栃木県日光市の東照宮境内の通路わきに敷いた拳ほどの石を毎年、清掃のため引っくり返す作業を「栗石返し」と呼ぶ。このクリイシも、右のグリと同語である。

神が鎮座するところをイワクラといい、古代の文献では一般に「磐座」「岩座」の文字を用いているが、この「座《くら》」は宛て字で原義は単に「岩」のことだと考えられる。この言葉は、いつとも知れないころまで起源がさかのぼる石信仰に由来しているに違いない。クラを別義に解する人もいるが、例えば三重県熊野市育生《いくせい》町赤倉《あかぐら》の赤っぽい巨岩「大丹倉《おおにぐら》」と、その下の丹倉《あかくら》神社の名などは、クラが岩にほかならないことをよく示している。丹《に》とは古語で「赤い、赤色」のことであり、丹倉《にぐら》、赤倉、丹《あか》倉《くら》はみな「赤い岩」の意である。

ゴウロは、よくゴロウに訛る。これは一つには、ゴウロをどんな表記にしたものやら思い当たらず、身近な「五郎」にした結果、のちには文字に引きずられて、もっぱらゴロウと発音するようになった場合もあったからではないか。

長野県大町市と富山市にまたがる野口五郎岳（二九二四メートル）は高瀬川の支流、五郎沢の源頭部にそびえている。沢の名が山の名にもなったのであろう。通常、生活とより密接な沢の名が初めにあって、それから山名に転じるケースが多い。高瀬川を下ると、大町市平《たいら》に野口という集落がある。冠称の野口は、これによっているらしい。

富山市・岐阜県高山市・同飛騨市境の黒部五郎岳（二八四〇メートル）も黒部川の支流、五郎沢のどん詰まりの上に位置している。やはり沢の名が山名に転用されたのである。もとは単にゴウロ山、ゴロウ山といっていたろうが、近くのゴウロ山（野口五郎岳）と区別するため黒部が付けられたのである。ほかにもゴロウ（五郎、五老など）の名をもつ山は珍しくない。

なお、平地でよく五郎丸の地名を見かける。これは太郎丸、次郎丸などと同じ由来をもち、中世の荘園でそれぞれ長男、二男、五男に譲渡されたか、彼らが何らかの権利を有していた名《みよう》のことである。

山形県小国町の五郎三郎沢は、わたしも二度ばかり入ったことがあるが、いたるところに巨岩がゴロゴロした険しい渓流である。ゴウロの名にふさわしいが、あとに付いた「三郎」とは何だろうか。これはおそらく、「ゴロウサワ」の「サワ」が前の五郎に影響されて三郎になったのではないかと思う。そうして、さらに沢を付けて呼ぶようになったのではないか。

「サイノカワラ」の地名、通称は各地にたくさんある。ふつうは「賽の河原」と書く。サイは「サエ」、すなわち境（とくに、この世とあの世との境界）のことで、死者が赴く場所を指している。要するに、本来は葬所のことである。今日では、さまざまな伝承が付きまとっている場合が多い。

賽の河原は、河原といいながら河川のそばにあるとは限らない。海岸や山中に位置することが珍しくないのである。そうして賽の河原には、しばしば岩や石がゴロゴロしている。そのようなカワラは、たとえ現在、河原の文字を用いていても、もとの意味はゴウラ、コウラであると考えられる。

島根県松江市美保関町雲津の通称「賽の河原」。日本海が切れ込んだ入江に臨んでいる。典型的なゴウラ地形である。

㉛御坊（ごぼう）／談議所（だんぎしょ）

- 和歌山県御坊市御坊《ごぼう》
- 奈良県橿原市御坊町
- 香川県さぬき市鴨部《かべ》字談議所《だんぎしょ》
- 高知県香美市土佐山田町楠目《くずめ》字談議所
- 福岡県みやま市瀬高町下庄《しものしょう》字談議所

和歌山県御坊の地名の起源は、そんなに古くはない。

天文元年（一五三二）、土地の豪族、湯河氏が現在の御坊の西隣、美浜町吉原に浄土真宗の道場（吉原坊舎）を建立したことに始まる。ここは、のちに本願寺直属となったが、兵火で炎上したため文禄四年（一五九五）、いまの御坊に再建される。これが現存の浄土真宗本願寺派日高別院であり、地名の由来になった。

奈良県橿原市の御坊も、やはり同派の信光寺によっている。この寺の発足も、さして古くはなく、慶長十七年（一六一二）に創建された畝傍《うねび》御坊が始まりである。

「御坊」は、いうまでもなく僧坊（房）の坊に尊敬語の御を付けたもので、宗派を問わず使われていたはずである。しかし、福井県あわら市吉崎にあった真宗の吉崎御坊（鬼女面の仏教説話で有名）などもそうだが、「御坊」は中世末ごろから同派の道場（寺格を与えられていない施設）を呼ぶことが多くなっていたようである。

- 和歌山県古座川町長追《ながおい》字牛蒡《ごんぼ》

は、古座川右岸沿いの河岸段丘上に位置する小集落である。

この珍しい地名も、あるいは御坊《ごぼう》の訛りかもしれない。もし、そうだとしたら、第7章39節で紹介した長野県木曾町新開字清博士《せいばかせ》のように、半僧半俗の名も知れない宗教者の居住によっているだろう。このような場合には、それを裏付ける資料は、まず残っていまい。また、そうした宗教者の呪力が、憑きもの筋としての「ゴンボ種《だね》」という言葉を生んだりする。

談議所も仏教に関連する地名である。

この言葉には大きく分けて、僧侶の学問・研修所と説法所の二つの意味があったのではないかと思う。

談議所の地名には、すでに消失したものもある。例えば、石川県金沢市談議所（古くは談議所村といった）は、昭和十一年に鳴和《なるわ》町と地名変更されて、いまはない。

特定の寺が「談議所」の別称で呼ばれる場合もある。

宮崎県日南市今町《いままち》の真言宗願成就《がんじょうじゅ》寺は、談議所とも通称されている。鹿児島市稲荷《いなり》町にあった薩摩藩最大の密教寺院、大乗院（真言宗）は談議所とも称していた。しかし、同院は明治二年（一八六九）、廃仏毀釈によって堂塔伽藍が破壊され廃寺となった。

談議所の地名、寺院の別称は、すでに消滅したものを含めれば、少なくとも十数カ所が確認できるが、大部分は真言宗にかかわるようである。

㊾ 桜（さくら）／桜島（さくらじま）

- 岡山県真庭市月田字桜《さくら》
- 鹿児島市桜島《さくらじま》

●新潟県上越市浦川原区桜島《さくらじま》

桜、桜井、桜内、桜木、桜田……「桜」の付く地名は各地に、きわめて多い。「佐倉」の文字を用いているところもある。

「サクラ」とは一体、何を意味しているのか。それは桜の木のことだろうか。

この問題を考えるとき気をつけなければならないのは、単なる佳名として採用した、いわば符号地名が大量に含まれていることである。符号地名とは、その土地が歩んできた歴史とは全く無関係に付けられた地名を指す。自由ケ丘、薊《あざみ》野、日の出（わたしは、この名前の町に住んでいる）、美山、美《み》郷《さと》の類である。

サクラでいえば、栃木県さくら市が最新の部類に入るのではないか。平成十七年に氏家《うじいえ》町と喜連《きつれ》川町が合併して、この名の市が誕生している。何でも、名付け親は三人の小学生だということである。

高知県仁淀川町桜は山間地の小集落で、昭和三十三年までは大藪《おおやぶ》といっていた。地内に樹齢五〇〇年ほどと推定されるヒガンザクラの大木があり、これにちなんで改称したという。

冒頭の三カ所は、そのようないきさつによって付いた地名ではない。だから、サクラの原義をさぐるには有効だといえる。

岡山県真庭市の桜は、月田と佐引とを結ぶ山越え道の峠付近の地名である。このあたりは両側が、かなり大規模な自然の切通しになっており、道はV字型の鞍部を越えて通っている。すなわち、サクラのサは「狭《さ》」で、山がせばまった地形を指しているに違いない。クラは、おそらく「鞍《くら》」のことであろう。この言葉は馬の鞍に由来すると思われ、尾根筋が馬の背のようにほかより低くなったところのことで、しばしば山越えに利用される。したがって、ここの桜は「両側がせばまった峠」の意だと考えられる。各地に多い桜峠も、だいたいはこれではないか。

次に桜島だが、鹿児島市の前に、まず新潟県上越市の方を取り上げたい。地名は、その範囲が小さければ小さいほど、特徴を把握しやすいからである。

上越の桜島は、保《ほ》倉《くら》川左岸沿いの小集落名である。この村に接して、まるで古墳のような、こんもりとした丘がある。これが元来の桜島であり、のちに集落をそう呼ぶようになったのであろう。低平地に孤立して存在する丘を島と名付けた例は、少しも珍しいことではない。ただし、ここの場合、古くは保倉川に浮かぶ島（中洲）であった可能性も十分にある。

上越市桜島集落に隣接する古墳のような形の丘。これが地名の起源で、「岩島」の意だと思われる。

丘の上には一戸だけ民家があり、その住民は岩こそ露出していないものの、丘は岩盤からなっていると話している。要するに、ここは岩の島である。ということは、サクラのクラは「岩、岩場」を指していることになる。「クラ」の語に、そういう意味があることは、前々節で三重県熊野市育生町赤倉の赤茶色の巨岩「大丹《おおに》倉《ぐら》」を例に挙げて説明したとおりである。サは「さ夜」「さ霧」「さ迷う」などのサと同様の接頭語で、この場合は「狭」のような実質的な意味はない。

鹿児島市の桜島は、『続日本紀』天平宝字八年（七六四）十二月条に「麑島」の名で見えている。このとき大爆発し、八十余人が生き埋めになったと記されているが、その噴火が事実であることは近年の火山学でも、ほぼ証明ずみである。右のカゴシマは、いくぶん無理に解釈すれば、「欠《かけ》島」「崖《がけ》島」の意にとれないこともない。カケ、ガケは第1章5節で取り上げたようにハケ、ホケなどと同源の語である。

中世の文献には向島（むかいじま、むこうじま）、向之島の名で現れ、一六世紀になって桜島の表記が見えはじめる。元禄十一年（一六九八）、桜島を公式名称とすることが定められている。

この「サクラジマ」の語義については諸説あるが、わたしは「岩の島」「熔岩の島」と解するのが最も合理的だと思う。

これを多少とも裏付けることになりそうな例として、東京都に属する伊豆七島の一つ、御蔵島《みくらじま》を挙げておきたい。同島は火山島だが、有史以来、一度も噴火したことがない。そのため海食の時代が長くつづき、伊豆諸島中でもとくに断崖が発達している。しばしば「お椀を伏せたような」と形容されるのは、そのせいである。すなわち、「岩の島」と呼ぶにふさわしい。ミクラのミは、いうまでもなく「御仏《みほとけ》」「御心《みこころ》」などのミで、尊敬の意を表す接頭語である。

北隣の三宅島（元来は御焼《みやけ》島であろう）もそうだが、御蔵島は古くは島そのものが神体だと考えられていた。

㊸ 坊ガツル（ぼうがつる）

- 大分県竹田市久住《くじゅう》町有氏《ありうじ》の坊ガツル
- 宮崎県えびの市水流《つる》
- 福岡県赤村赤《あか》字鶴《つる》
- 山梨県都留《つる》市

四面《しめん》山なる　坊がつる

夏はキャンプの　火をかこみ

芹洋子が歌った「坊がつる讃歌」で全国的に知られることになった九重《くじゅう》連山中の盆地、坊ガツル。この妙な地名は一体、どんな意味なのだろうか。

九州の、とくに中央部を歩いたり、そこの地形図を眺めていると、「ツル」の音を含む地名をやたらに目にする。文字は鶴、津留、水流《つる》、釣《つる》などが多い。

釣はツルとは読みにくいためか、道路標識にわざわざツリと仮名を振ったりしているが、古くからの地元住民はツルと言う。鶴の字を用いた場合には、しばしば鳥の鶴にまつわる説話が語り伝えられているのは、九州にかぎらない。どれも、いかにも安直なこじつけで、ツルの由来の解釈には役立ちそうにない。

どんな文字を宛てようと、少なくとも九州のツルの意味ははっきりしている。それは、主に山がちの土地に点在する小平地を指す言葉である。ことに川沿いの平地、すなわち河岸段丘をそう名付けていることが多い。似たような地形にハル（濁って、バル。字は、まず例外なく原《はる》）があるが、二つが並んでいる場合、だいたいは水に近い方がツル、離れているところがハルとなっている。宮崎県ではよく、ツルに「水流」の表記が見られる。これはツルの原義を知っていたからこその宛て字である。九州ツルもハルも結局、第8章48節で取り上げたナラ、ナロに近い。いや、ほとんど同じである。九州には、ほかの地方にくらべて「奈良地名」が少ない。そうして、それを埋め合わせるかのようにツル、ハルが目立っている。ツルの語源は、「ツルツルすべる」とか「顔をツルリとなでる」などのツルと同じだと思う。

それでは、山梨県都留市のツルは、どうだろうか。

同市の名前は、古代の甲斐国都留郡を継承して付けられたものである。都留郡の資料上の初見は、正倉院文書中の天平宝字五年（七六一）の「甲斐国司解《げ》」であり、きわめて古い。しかも、その当時すでに山梨県東部一帯を占める郡名であった。さらに古くは、もとになった小地名があったと思われるが、どこかわからず、したがって特徴もつかめない。結局、原義は判然としないことになる。ただ、古代の都留郡内に含まれる上野原市には鶴川、鶴島の地名があり、ともに相模川上流の河岸段丘上に位置している。これから考えて、九州と同義のツルという地形語があったらしいことは推測できる。

次は坊ガツルの「ボウ」の方である。

やはり九州中部の話になるが、「八重《はえ》」の小地名をよく見かける。どれも、えらい山中にある。宮崎県美郷町山三ケ《やまさんが》字中八重《なかばえ》もその一つで、住民によると、ここは山間地の同町でも最高所の集落だという。現在、七戸の民家が、「急傾斜崩壊危険箇所」に指定されている山腹に、はり付くように建っている。北隣の諸塚《もろつか》村七ツ山字八重《はえ》も、似たような地形である。

山の急斜面が雨や雪崩で崩落することを「ツエル」「クエル」という。そのような場所はツエ、クエである。美郷町、諸塚村あたりではクエの方が使われている。既述のように、日本語ではk音とh音が交替することは珍しくない。ハエは、おそらくクエと同義であろう。海岸の岩礁を「碆《はえ》」と呼ぶ地方は多い。これも、風波で「崩れた」岩場、小島の意だと思う。

ハエはホウ、ボウへ変化しやすい。坊ガツルの「坊」も、これであろう。すなわち、「崩落しそうな急傾斜地に囲まれた小平地」を指している。

❺❹ 姥ケ懐（うばがふところ）

●秋田県由利本荘市鳥海町栗沢字姥《うばが》ケ　懐《ふところ》

●神奈川県鎌倉市稲村ガ崎字姥ケ《うばが》谷《やつ》（旧称・姥ケ懐）
●長野県立科《たてしな》町芦田字姥ケ懐
●京都市上京区姥ケ《うばが》東西町《とうざいちょう》（旧称・姥懐《うばがふところ》）
●広島市南区宇品金輪《かなわ》島の姥懐《うばがふところ》
●香川県観音寺市豊浜町和田の姥ケ懐池
●福岡県行橋市沓尾《くつお》の姥ケ懐

「ウバ」（文字は姥が圧倒的に多く、ほかに祖母《うば》、乳母《うば》など）の付く地名は各地におびただしい。姥ケ懐、姥神、姥石、姥ケ岩、姥ケ井、姥ケ池、姥ケ淵、姥谷、姥島、姥山、姥湯、姥ケ森、姥杉、姥屋敷……挙げていけば、きりがないほどである。

高知県土佐市新居の姥ケ懐。中央の墓地のあたりを指す小地名で、たしかに南面した小さな窪みになっている。

その中でも姥ケ懐が最も多いのではないかと思う。この地名は全国的に広く分布し、その数は何百ではきくまい。ただ、ほとんどが小地名なので全容の把握は簡単ではない。語義は、南面して冬でも暖かそうな窪み、谷筋を指すとする解釈が通説となっている。

例えば、高知県土佐市には新居《にい》と出間《いづま》に姥ケ懐の小字《こあざ》名があるが、いずれも右の条件に合致しているようである。しかし、それでは解けない例も珍しくない。

広島市金輪島の姥懐は、同島北東部の入江に付けられていた名前である。平凡社刊『広島県の地名』によると、ここには大船五〇艘が停泊できたという。現在は一帯が造船所になっている。香川県観音寺市の場合は池の名前である。

福岡県行橋市の姥ケ懐は岩窟らしい。また、同県添田町落合の深倉峡にも姥ケ懐と呼ばれる洞窟があり、修験道の行場であった。

大分県竹田市神原《こうばる》は姥ケ岳（いま祖母山《そぼさん》と称されている山）の北麓に位置するが、ここに洞穴があって姥岳神が祀られているということである。少なくとも九州では、ある種の洞窟に姥ケ懐の名をつけた例があったことになる。

「姥」地名は、どれによらず、しばしば伝承を伴っている。その内容は多様だが要するに、ウバすなわち年配の女性にかかわる話が中心である。

敗残の若き武将と、その乳母が隠れ住んだ、だれそれ上人《しょうにん》の乳母が住んでいて、上人はそこで産湯《うぶゆ》を使った、そばの清水を飲むと母乳の出がよくなる……などである。

日常の話し言葉に方言があるように、地名も特定の地方に集中的に見られ、ほかでは全く、あるいはほとんど例がないといったものが少なくない。前節で扱ったツル、ハル、ハエも、それである。ところが姥地名は、あたかも共通語であるかのごとく、どこへ行っても存在しないことはまずない。それがなぜかは、実は難問である。わたしには、これに答えるだけの準備がないが、いちおう推測だけは述べておきたい。

かつて国土を歩きまわっている女性の宗教者たちがいた。歩き巫女《みこ》、県《あがた》巫女、梓《あずさ》巫女（長野県東御《とうみ》市に近世、梓巫女の集落があったため、よく「信濃の」と冠して呼ばれる）、熊野比丘尼《びくに》、伊勢比丘尼、八百《はっぴゃく》比丘尼（福井県小浜市のどこかが出自と思われる）……など時代、地域によってさまざまな集団があった。彼女らの中には、のちに遊女との区別がつかなくなった者もいたが、旅する女性宗教者というのは、いつとも知れぬころから常にいたようである。もちろん、年老いて長途の旅行が困難になれば（あるいは、そうでなくても）、結局はどこかへ定住することが多かったろう。そうして村はずれに住んで、祈禱や人生相談にあずかったりして糊口をしのぐことになる。

「ウバ」とは、そのような女性を指す言葉ではなかったかと思われる。そう考えれば、姥地名が広範に分布し、それにかかわる説話にも共通のパターンが見られる理由も説明がつく。むろん中には、ウバ－乳母－乳母の懐のように暖かそうな地形、という連想が生んだ地名も少なくなかったろう。

＊

❖地名コラム 9 地図上の地名と実際の地名

この項では、地図に示された地名と、現実に使われている地名との、位置のずれについて取り上げたい。

現在、日本中のどこを対象とした地域であろうと手に入れることができる地図で、いちばん精密なのは国土地理院発行の二万五〇〇〇分の一地形図である。合計で四三四二面（一面二七〇円）からなっている。

この地図は見やすくはあるが、情報量でいえば五万分の一地形図とたいして差がない。こちらだと一二九一面で全国をカバーできるから、わたしは五万分の一を使うことが多い。

ほかに都市部にかぎって一万分の一が、やはり国土地理院から発行されている。これはまだ枚数が少ないうえ、人口密集地が対象であるため、ごちゃごちゃしていて地名研究には利用しにくい。

以上のいずれの地図にもいえることだが、地名はほとんどが集落の名前として記されている。それが公的な呼称になってしまったのである。例えば、群馬県昭和村貝野瀬は第6章36節で述べたように、もとは片品川が形成した険しい断崖を指していたはずだが、いまでは左岸の集落をそう呼んでいる。「貝野瀬」と聞いて川の方を頭に浮かべる住民は、もういないかもしれない。ここの場合、下の片品川の地形が際立った特徴を残しているので、集落名の由来も想像がつく。しかし集落にばかり注意していては、その名前の起源はわかるまい。

地名研究には字図《あざず》（「地名コラム」7参照）の方が、はるかに有効である。二万五〇〇〇分の一と比べても、ひとけた精度がまさっているからだ。既述のように入手に手間がかかるということはあるにしても、これによって疑問が一挙に解けることも少なくない。

土佐市新居の姥ケ懐は、字図では中央付近から左上へ延びた実線内の地域を指している。しかし、住民がそう呼んでいるのは、矢印の先のごく狭い範囲でしかない。「懐」が月偏になっているが、この程度の誤字は字図では、ざらにある。

しかし、字図を信頼しすぎることも危険である。これにも、やはりずれはある。一例を挙げると、前節で紹介した高知県土佐市新居《にい》字姥ケ懐は、字図ではかなり広い範囲を指す地名となっている。だが、地元の事情に詳しい住民によると、古くからそう呼んでいたのは図示された地域の最南端の一角、おそらく一〇〇坪に満たない土地だというのである（前節の写真参照）。

古くは図上の「姥ケ懐」内に、

いくつもの小地名があったに違いない。それらは、明治初めの内務省地理局による切図《きりず》作製の折りに、少なくとも公的地名としては採用されなかったのではないか。それでも、なおしばらくのあいだ住民たちは日常生活で用いつづけていたろう。

けれども、日本の産業構造が大きく変化し、たとえ農林業にたずさわっている人たちでも、土地とのつながりが以前ほど緊密ではなくなっている。土地の権利関係を確定または確認したいときは法務局の公図にある大字何番地（たいていは字を付記しているが）で、こと足りてしまう。細かな地名の分別など必要なくなったし、できなくなってしまったのである。

わたしは土佐市新居の姥ケ懐を訪れたとき、たまたま事情に通じた住民に会えたため、先に述べたようなことを知ることができた。そうでなかったら、どの辺の、どんな特徴をとらえて、そう名付けていたのかわからなかったことになる。

第10章　地名は近隣の地名をまねやすい

㊺ 野呂（のろ）／芝（こうげ）

●広島県尾道市御調《みつぎ》町仁野字野呂《のろ》
●岡山市北区建部町川口字野呂
●岡山県真庭市月田字芝《こうげ》
●岩手県久慈市侍浜町高家《こうけ》

野呂という地名は広島県東部と岡山県に、とくに多い。これが、第8章48節で取り上げた奈良地名（ナラ、ナル、ナロなど）と同義であることは、まず疑いない。すなわち、右の地方における方言である。

尾道市の野呂は山中の小平地であり、岡山市の野呂は旭川が形成した、かなり広い河岸段丘の山に近い方である。川寄りを原と呼ぶ。

広島県呉市安浦町中畑の野呂山は、山中のやや広い緩傾斜地で、地形図を見ると、このあたりだけは周辺と違って等高線の間隔が開いている。岡山県真庭市の五名《ごみょう》・別所境の大野呂山も、よく似た地形である。この二例から、ノロには山頂付近の起伏が少ない土地を指す場合があることがわかる。

宮崎県椎葉村下福良字野老ケ八重《のろがはえ》は、急傾斜地にはさまれた、ごく狭い平地である。ハエは前々節で記したように崩落地、またはその恐れがあるところであり、ノロは平坦地を意味している。

岡山県真庭市の芝《こうげ》は、難読地名として地名研究者には、わりと知られている。同市日野上《ひのうえ》には字旦《だん》芝《こうげ》があるので、誤記・誤写の定着したものではない。ちなみに、「ダン」とは、ほかよりやや高くなった場所のようである。

なぜ、こんな奇妙な読みをするのだろうか。

芝のすぐ隣、字手谷《てたに》に住む男性は、わたしの問いに答えて「こんもりと盛り上がった草地、例えばゴルフ場のコースのようなところをコウゲという」と話している。ただし、めったに使うことはない言葉だそうである。少なくともこの地方には、芝地を意味する「コウゲ」という語があり、まだ忘却されていないことがわかる。芝にも旦芝にも、すでに芝地・草地と呼べるところは残っていない。しかし、そこが高燥の地で水田耕作に不向きであったらしいことは、いまも見てとれる。

岡山県真庭市月田字芝。水利に恵まれなかった土地のようで、画面の手前には溜め池がある。

芝をコウゲと読むのは、いかにも不自然だからであろう、同県や隣接する広島、鳥取、兵庫県などでは、コウゲの音をもつ地名には多く「高下」の文字を宛てている。わたしは、そのうちの真庭市五名字高下にしか行ったことがないが、ここも水利がよくないらしく、まわりには溜め池がいくつもある。

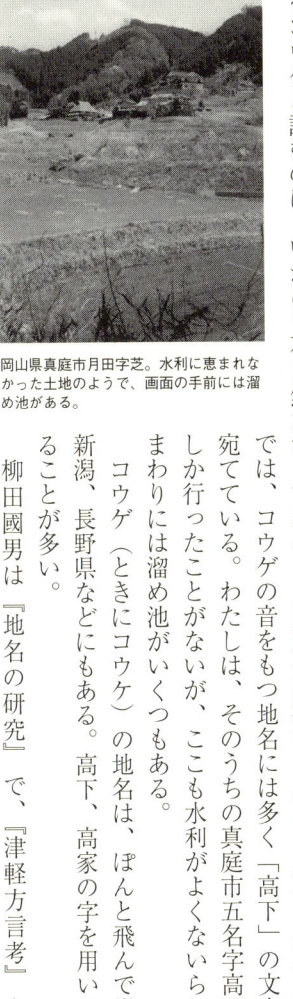

コウゲ（ときにコウケ）の地名は、ぽんと飛んで岩手、新潟、長野県などにもある。高下、高家の字を用いていることが多い。

柳田國男は『地名の研究』で、『津軽方言考』から

「青森県のある地方では芝草をカガといい、芝原をカガハラという方言がある」旨の記述を引用したうえ、「中国のコウゲと、津軽のカガとは疑いなく一語である」と述べている。多くの地方では忘られてしまったが、芝地を意味するカガないしはコウゲという古い日本語があった可能性が強い。

ただし、久慈市の高家を含め、中部地方以北にも散見されるコウゲ（コウケ）が、それに当たるかどうか、わたしには何ともいえない。古い時代の植生を判断するためには少なくとも現地調査が欠かせないが、まだ果たしていないからである。

なお、カガ、コウゲの語源について、単なる思い付きを記しておけば、ハゲ山の「ハゲ」と同じかもしれない。国語におけるk音とh音の交替例が珍しくないことは、すでに何度か触れたとおりである。

㊺ 塙（はなわ）／圷（あくつ）

- 茨城県水戸市飯富町塙《はなわ》
- 栃木県益子町塙字塙
- 茨城県笠間市福田字圷《あくつ》
- 栃木県茂木《もてぎ》町山内字圷
- 青森県弘前市悪戸《あくど》

「ハナワ」の地名は東日本にばかり多く、西日本にはほとんどないようである（わたしは、これまでのところ関東以北でしか目にしていない）。その分布は茨城、栃木、千葉県などに目立っている。

文字は塙、花輪が大部分である。塙の漢字は、この地名の由来をよく示している。すなわち、ハナワとは高台の先端に位置して、下の低地を見下ろせるような場所に付いた地名である。したがって、本来の語義は「端輪《はなわ》」だと思われる。そのような土地は、おおむね先が丸みを帯びているので、「輪」と呼ぶのであろう。

この地形は、全国的に広く見られる地名でいえば、「竹ノ花」に当たる。竹ノ花は竹林の端を指す場合もままあるが、たいていは「岳《たけ》の端《はな》」、つまり山または丘陵の突端のことである。

「アクツ」「アクト（アクド）」という地名の分布は、ハナワとほぼ重なっている。これにはさまざまな宛て字があるが、茨城県では断然、「圷《あくつ》」が多い。地名の用字には近隣のものを模倣する傾向があり、これはその一例だといえる。

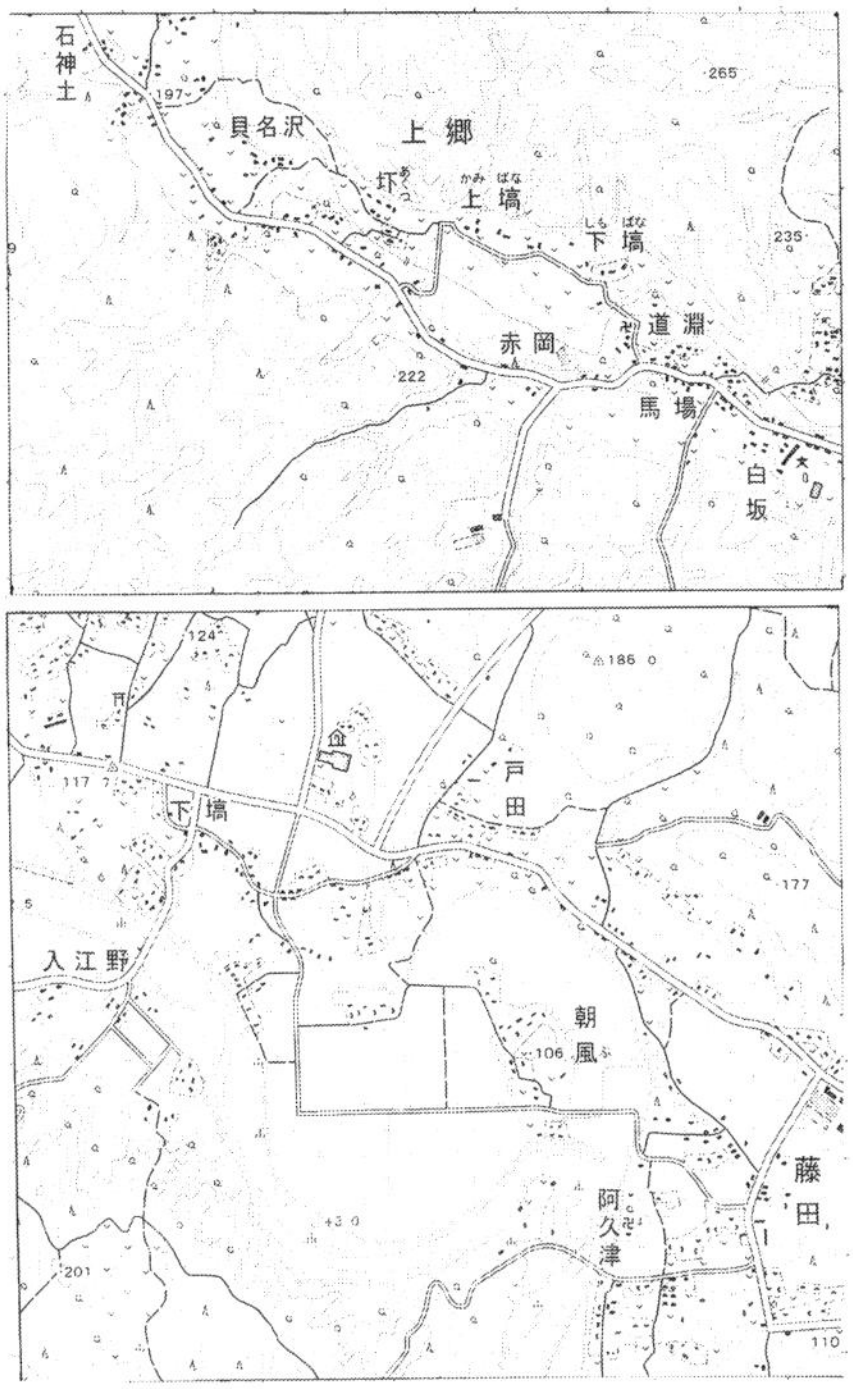

上は茨城県大子町上郷、下は栃木県那須烏山市藤田および三箇。塙（はな）と圷、塙（はなわ）と阿久津が近接している。

堝《こう》は「土が固い、土地が高い」の意をもつ本来の漢字だが、圷《あくつ》は国字すなわち和製の漢字であって音はない。水戸藩の物知りあたりが、堝を参考にして作ったのではないか。意味は字形が示すとおり、低地のことである。実際の地形では、しばしば川沿いに位置しており、またハナワと相並んでいることもある。

茨城県以外では圷は少なく阿久津、安久津、悪途《あくつ》、握津《あくつ》などが用いられている。

これが東北地方へ行くと、アクツのほか音がいくらか変化してアクト、アクドとなっていることが珍しくない。字は悪戸、悪土、阿久戸、安久土などである。

「悪」の宛て字は、これらの土地が水損をこうむりやすかったためではないかと推測される。しかし、それではやっぱり縁起がよくない。のちには明戸、飽土に表記を変えたところもある。前者の場合、アケトの読みが定着して、原義がわかりにくくなった例も見られる。

西日本ではアクツ、アクトの地名は、まず目にしない（ただし、皆無ではないようである）。代わってアクタが、やや多い。柳田國男は、この三語は同義だとしている。

しかし、これには多少の疑問がないわけではない。まず、

●高知県土佐町芥川《あくたがわ》（川の名ではなく地名）

●岐阜県郡上《ぐじょう》市八幡町安久田《あくだ》

などは東日本のアクツ、アクトとは違う地形のような印象を受ける。ことに後者は、ほかの近隣集落と違って、ここだけが川から遠い山腹に位置している。しいていえば、アクツよりハナワに近いくらいである。

アクタが単独では、あんまり現れないことも気にかかる。芥川、芥田《あくただ》、悪田《あくた》谷《だに》のように、しばしば語尾に別の語が付いているのである。そういうことはアクツ、アクトではほとんどない。三つが同語

かどうかはともかく、アクツに当たる地形には、西日本では一般に奈良地名（ナラ、ナル、ナロなど）やノロが付いているように思われる。

㊼ 矢作（やはぎ）／莚打（むしろうち）

- ●愛知県岡崎市矢作《やはぎ》町
- ●岩手県陸前高田市矢作町
- ●山梨県市川三郷町上野字矢作
- ●茨城県坂東市矢作、同市莚打《むしろうち》
- ●福岡県古賀市筵内《むしろうち》

愛知県岡崎市の矢作は、東海道が矢作川という大河川を横切る場所に位置して古くから人と物の往来が盛んであった。つまり、よく知られた地名である。「矢作《やはぎ》」の地名は諸国に珍しくないが、もしここがなかったとしたら、別の読み方をされることも多かったろう。

矢作をヤハギと読む理由は簡単である。矢を作ることを古い日本語で「矢をハグ（矧《は》ぐ）」といったからである。もう少し細かくいえば、矢柄《やがら》の端に羽（だいたいは鳥の羽）を付けることがハグであった。ハグと聞くと、現代語では「剝《は》ぐ」、すなわち何かを取り去る意の動詞を思い浮かべるが、古語のハグは逆で「くっ付ける」「つなぎ合わせる」ことをも指していた。おそらく、「靴を履《は》く」「ズボンを穿《は》く」のハクと同源であろう。

古代には矢作部《やはぎべ》と呼ばれる職業部（権力者に隷属する技術者集団）がいた。岡崎の矢作が、それに由来する地名の可能性はあるが確証はない。

岩手県陸前高田市の矢作の地名が資料に現れるのは中世末のことなので、遅くともそのころまでに矢の製作技術者たちが、この地に居住していたと思われる。興味ぶかいことに、矢作町の嶋部《しまべ》地区（字大嶋部と同小嶋部）では、いまも端午の節句用の弓矢が作られている。

山梨県市川三郷町の矢作は、武田家の御用矢作師の集住地であった。天文九年（一五四〇）七月の「武田信虎（信玄の父）印判状写」に「市河のやし十二人」と見え、延享三年（一七四六）の「村明細帳」にも、ここに「矢師」が一二人いたと記されている。

ヤハギ（矢作、矢矧《やはぎ》、矢萩《やはぎ》など）の地名の中には矢作りと関係のないものも含まれているようだが、大半は彼らの居住地に由来していると思う。

茨城県坂東市の矢作も、確証はないものの、その一例のようである。文治元年（一一八五）の資料に、ここの地名を名乗りにしたと推測される「矢作二郎」なる武将が見えているので、その矢作りの歴史は平安時代末以前にさかのぼることになる。

坂東の矢作の隣、利根川沿いに大字莚打《むしろうち》がある。莚を作ることをウツ、ブツといったので、ここには莚作りが集団で居住していたと考えられる。この地名は永禄十一年（一五六八）の資料に出ているから、その起源はなかなか古い。

莚は縄文時代から作られており、種類は非常に多い。材料だけで分類してもマコモ、カバ、カヤ、クズ、スゲ、イ（畳表《たたみおもて》に使う藺草《いぐさ》）、稲、竹、藤など多様であった。

福岡県古賀市の莚内は、一〇世紀成立の『和名抄』が記す筑前国宗像《むなかた》郡席内《むしろうち》郷の遺称地である。「内」が「打」の宛て字であることは、同じ一〇世紀の『延喜式』には「席打《むしろうち》」となっていることからもわかる。

同趣旨の地名として、ほかに少なくとも、

●香川県三豊《みとよ》市豊中町岡本字莚打
があるが、「矢作」の地名にくらべると、だいぶん少ないようである。

㊽市ケ谷（いちがや）

●東京都新宿区市谷《いちがや》（市ケ谷とも）

多くの方にとって、右の地名はべつに難読でも珍しいとも感じられないと思う。しかし一見、何でもなさそうな地名の中に、しばしば解釈の困難なものがあり、その一例としてこれを取り上げてみたい。

「イチ」（漢字は、ほとんどが市か一）の付く地名は各地に、おびただしくある。小地名まで含めたら、その数はおそらく万単位に達するだろう。なぜ、こんなに多いのかが、まず謎である。

地名の本や辞典類で由来に言及している場合は、ほぼ例外なくマーケットの意の市によると説明されている。首都のど真ん中に位置することから、この項でイチ地名の代表として例示した新宿区の市谷についても例外ではない。何を根拠にしてのことか、「東京の市谷も六斎日に市の立つからの名である」と断じた人もいる。しかし、ここに市が立っていた証拠は一つとして残っていないのではないか。

もちろん、地名の解釈に確証を求めるのは酷だといえる。ほとんどの地名がいつごろ、どんな動機で名付けられたのかを示す資料など残っていないので、おおかたは比較や傍証にもとづく合理的推測をもって、よしとするほかないからである。

第6章35節でも触れたように、イチ地名の中には市場に由来するものが少なくないことは確かである。しかし、そうでない場合の方が多いと、わたしは考えている。新宿区の市谷については何ともいえないが、いきなり市場と結びつけることには同意しがたい。ほかの事例と比較して、むしろ別の起源による可能性が強いのではないか。

市ノ瀬（一ノ瀬、市野瀬などとも）は代表的なイチ地名の一つで、各地にざらに見られる。大部分は深い山中に位置して、市場とのかかわりは想定しにくい。かといって、いくつかある瀬のうちの一番目という意味でもない。近くに二ノ瀬、三ノ瀬が皆無か、ほとんど存在しないことからも、それは明らかである。それでは、この場合の「イチ」とは何のことだろうか。

できることなら詳しく述べたいのだが、紙数の都合でそうもいかない。取りあえず結論だけを記すと、イチとは神と人とをつなぐ人のことである。外国語になるが、今日もっとも普通に使われる言葉では、シャーマンがこれに当たる。すなわち、ある種の宗教者を指している。古代には彼らが祭と政とを一手につかさどっていた。例えば邪馬台国の女王、卑弥呼《ひみこ》や、その地位を継いだイヨまたはトヨの名で知られる女性は、典型的なイチであった。初期の天皇たちも、そういう性格を強く帯びていたと思われる。イチの語は、おそらく「神をあがめる」の意の「斎《いっ》く」のイツと語源を同じくしているのではないか。

沖縄諸島で神祭や祈禱に当たるユタ、東北地方で口寄せを業とするイタコ（コは人といったほどの意）、戦前まで各地で見られた祈禱者のイチコ、第7章40節で紹介した高知県鳴無《おとなし》神社の祭礼におけるヨリマシ役の幼児のイタジョ（ジョは女《じょ》であろう）なども、みな一種のイチである。なお、イチについては拙著『葬儀の民俗学』に、もっと具体的に述べてあるので参照していただくと幸いである。

本書では、

●大分県玖珠町戸畑字市ノ村《いちのむら》

という地名を取り上げて、もう少しイチの話をつづけたい。

同地は玖珠川を見下ろす急傾斜の山腹に位置する小山村で、現在（平成二十二年二月）は一一戸、過疎化が始まる前でも十数戸しかなかった。立地からいっても、人家の集まり具合からみても、およそ市が立つような場所ではなかった。すなわち、地名は市場によるものではなく、イチの居住に由来すると考えられる。

南北朝期の建武五年（一三三八）の「豊後国小田道覚跡田屋敷注文」に、「一ノムレ」とあるのが資料上の初見で、一般に文献類の残存にとぼしい僻村としては、きわめて早い部類に入る。ムレはムラの音転あるいはそれと同義の語で、七〇〇年ばかり前すでに「イチの村」と呼ばれていたことになる。

彼らが具体的にどんなことをしていたのか、もちろんわからない。ただ現在の一一戸のうち一〇戸が湯浅姓を名乗り和歌山県湯浅町との関係を伝承していること、村の氏神が伊勢神社であることなどから推測して、その先祖は紀伊半島から移住してきた可能性が強そうである。

村の真下の玖珠川沿いに、川中から湯の湧く場所がある。いっときコンクリートで囲んで露天の温泉にしていたが、いまは放置されている。そばに数十体の羅漢像が立ち、祠《ほこら》もあった。毎年八月十五日には、市ノ村の住民が、そこで祭りをしたあと伊勢神社へお参りをしていた。ここが古くは近隣の、あるいは遠くから訪ねてくる人びとの禊《みそぎ》の場として使われていたらしく思われる。その禊をつかさどるのが市ノ村のイチ、そのような場所のことを市ノ瀬とか市ノ谷と呼んでいたのではないか。もちろん、必ず温泉が湧いていなければならないことはない。要は禊や祈りの場であったかどうかであり、そこが野であれば市野々、山なら市山である。

こう考えたとき初めて、どこを問わずイチ地名がやたらに見られる理由も了解される。新宿区の市谷がその一つであったとしても、何の不思議もないといえるのではないか。

㊾ 沓掛（くつかけ）／鍵掛（かぎかけ）

- ●宮城県大衡《おおひら》村大瓜《おおうり》字沓掛《くづかけ》
- ●埼玉県深谷市沓掛《くつかけ》
- ●三重県亀山市関町沓掛《くつかけ》
- ●秋田県大館市と藤里町境の鍵掛《かぎかけ》峠
- ●徳島県美馬市穴吹町口山字鍵掛《かぎかけ》
- ●香川県小豆島町神懸通《かみかけどおり》の寒霞渓《かんかけい》

沓掛という地名は多くは峠の山口にあるとし、旅人が峠越えに際して道中の無事を祈って草鞋《わらじ》などを手向ける場所に付いた地名だとする指摘がある。

たしかに三重県亀山市の沓掛や、いまは中軽井沢と改称された長野県軽井沢町の旧沓掛などは、その条件に合う土地に位置している。宮城県大衡村の沓掛《くづかけ》も、そういう見方をしようと思えば、できないこともない。

しかし、埼玉県深谷市沓掛のように、一帯がべったりとした平野の中に位置するところも珍しくない。いや、確認できた三〇ばかりの沓掛地名を調べてみたら、峠や山越え道とは関係のない方が明らかに多い。つまり、峠の山口うんぬんは疑わしいことになる。

「クツ」という日本語は、現在では足先全体をおおう履きものを指すが、古くは下駄も草履《ぞうり》もクツといった。草鞋もクツであった。村や、寺社の境内の入り口に巨大な草鞋を掛けて疫病、悪霊の侵入を防ぐまじないとしているところは、今日でも折りおり見られる。クツは邪霊除けの呪力をもつと信じられていたのである。その信仰の起源は、おそらく想像を超えるほど深く、遠いと思われ、なぜそうなったのか説明はむつかしい。境界から侵入する邪霊を地中に踏み固める力を指すのかもしれないが、わたしには、とにかくそういう事実があるといえるだけである。

沓掛の地名は、先に述べたように峠の山口にある例は、むしろ少ない。このことから考えて、沓掛は邪霊除けのクツを掛けた場所に由来しているのではないか。悪霊、病魔は外から侵入してくるので、クツは村境に掛けられる。すなわち、塞《さえ》の神・道祖神などと同じように境界域に祀られるのが原則であった。

峠の山口も典型的な境の地である。沓掛の地名が、ときどき峠の下にあるのも、こう考えたら説明がつく。ただし、村境にクツを掛ける習俗にならって、山越え前の旅人が登り口の木の枝などに、とくに古くなった草鞋を掛けるということは大いにあり得たろう。それが地名になることも、あったかもしれない。

高知県津野町北川字宮谷の「魔除けの大わらじ」。毎年2月に各戸が持ち寄った稲藁で作り、村の入り口に掛ける。わざと前半分しか作らないが、それでも縦、横とも1メートルを超える。

鍵掛も信仰にかかわる地名である。

江戸時代の旅行家・民俗学者の菅江《すがえ》真澄《ますみ》は、秋田県で大木の枝にびっしりと掛かった鉤《かぎ》型の木切れを目撃している。真澄は、それを恋占いだと解していたが、一般的には山へ入る者が山の神の保護を願う占いであったらしい。すなわち、「レ」の字型に切った木の枝を高い木の枝に向かって投げ上げ、掛かったら神意にかなったとする古い信仰の名残りである。

秋田県大館市と藤里町境の鍵掛峠は、険しい山越え道である。徳島県美馬市穴吹町の小集落、鍵掛も山中深くに位置している。鍵掛の地名は沓掛にくらべて、だいぶん少ないようだが、気づいたかぎりでは右の二カ所を含めて、どれもえらい山中にある。山の民の信仰と関係が深いことは、まず間違いあるまい。

カギカケはカンカケともいった。

瀬戸内海に浮かぶ香川県小豆島の景勝地、寒霞渓も元来の呼称は神懸《かんかけ》山であった。ここの地名は幕末から明治初めにかけて文人たちにいじりまわされ、まず浣花渓の雅名に変えられ、そのあと寒霞渓の字が宛てられた。地内の奇岩・奇峰にも四望頂、画帳石、玉筍峰《ぎょくじゅんぽう》などといった、いかにも人工的な名が付いている。所在地の大字、神懸通は戦後になってからの命名である。

⑥⓪ 神庭（かんば）／神代（こうじろ）

- 岡山県真庭市神庭《かんば》
- 同市神代《こうじろ》
- 富山県氷見市神代《こうじろ》
- 石川県志賀町神代《かくみ》
- 島根県出雲市斐川《ひかわ》町神庭《かんば》

岡山県真庭市月田に神退（かみのき、かんのき）という小字《こあざ》名がある。

何を意味する地名かと思って訪ねたら、文明十九年（一四八七）、ここにあった春日神社が二キロほど北西の字宮原へ遷座された事実によって付いたことがわかった。つまり、神退は文字どおり神が「退《の》いた」ことを指していたのである。これには、いくつかの証拠があって、ただの伝承ではない。

同市神庭は、「神の庭」の意だと推測される。カンバは、おそらくカミニワがつづまった言葉である。

そこは神庭川上流域の奇岩・怪石が連続する渓谷で、とくに落差一一〇メートルの神庭の滝と、川を見下ろす険しい山腹にうがたれた鍾乳洞「鬼の穴」が、いつとも知れない大昔から人びとの畏怖と驚異の対象になっていたと考えられる。すなわち、石神信仰の一類型である。

神庭の滝の三キロばかり南西、同市神代の新庄川も石灰岩の侵食によってできた奇観の渓谷である。ここにも「鬼の穴」があり、その奥は神庭の「鬼の穴」と通じていると言い伝えられている。神庭と神代には、その地名を含めて重要な共通点があるといえる。

ところで、神代の「シロ」とは、どんな意味なのだろうか。

岡山県真庭市の神庭の滝。壮麗な滝というのは、必ずといってよいほど信仰の対象になっていた。

シロにはふつう、「代」の字を宛てることからもわかるように、「かわりとなるもの」「代用」を指す語である。各地に多い田代《たしろ》は、水田として最適ではないが、その代わりになる土地に付いた地名らしい。

しかし、網代《あじろ》は網を仕掛ける場所のことであり、苗《なえ》代《しろ》は苗を育てるところである。これらの言葉には必ずしも代用の意は含まれておらず、神代も同様に「神の座《ま》す土地」のことで、つまり神庭と異なるところはないと思われる。

富山県氷見市神代には、一〇世紀成立の『延喜式』

に名前が載る加久弥《かくみ》神社がある。近隣住民が、この神社をいかに深く崇祀していたかは、同社の神鳥とされる鶏を飼育しない風習が今日に伝えられていることによっても知られる。神代の地名は、この神社に由来しているのではないか。

隣の石川県志賀町神代《かくみ》の神代神社も延喜式内社だとされている。カクミの語義については未考だが、「神代」の用字と「カクミ」の神社名が氷見市と共通している点が注目される。

島根県出雲市斐川町神庭は中溝、宇屋谷《うやだに》、神庭谷《かんばだに》、西谷《さいだに》（古くは才谷とも）、前原の五つの地区からなっている。神庭谷の西隣には同町三絡《みつがね》の武部《たけべ》がある。

右のうち、宇屋谷と武部は八世紀に編纂された『出雲国風土記』に「宇夜《うや》」「健部《たけるべ》」として見える、きわめて古い地名である。同書によると、この一帯はもとは宇夜と呼んでいたが、のち健部に改めたという。そうして、神亀三年（七二六）以前から健部と書いており、「今も前に依りて用ゐる」と記している。文字は神亀よりも前からのものを、そのまま掲出したと述べているのである。この記載から考えて、「ウヤ」の地名が遅くとも七世紀には存在していたことは疑いあるまい。

岡山県真庭市神代の「鬼の穴」。女陰型の入り口は、神庭の「鬼の穴」とそっくりである。女陰型の岩の裂け目が信仰の対象になっている例は各地に珍しくない。

現在の宇屋谷は、神庭谷の東隣の谷筋を指す地名である。ここには延喜式内社の神代《こうじろ》神社が鎮座している。神庭と神代が、この地で重なっているといってよい。それは、この一帯がはるかな昔から神聖視された土地であったらしいことを示している。

昭和五十九年から翌年にかけて、神庭谷の西側山腹の、二つの坑から大量の青銅器が一括して出土したことで、それが裏付けられることになる。二カ所はわずか七メートルほどしか離れておらず、一方には三五八本の銅剣が、他方には一六本の銅矛《どうほこ》と六個の銅鐸が、ともに整然と並べた形で埋納されていたのである。これがいかにべらぼうな数であるかは、それまでに全国で見つかっていた弥生時代の銅剣の総数が三〇〇本ほどにすぎなかった事実を指摘するだけで十分であろう。

遺跡は、その南側に三宝荒神《さんぽうこうじん》が祀られていたことから、荒神谷遺跡と名付けられる。この命名には、なぜ出土場所の地名である神庭の名を冠しなかったのかとの批判もあり、今日では神庭荒神谷遺跡と呼ぶことも多い。

＊

❖ 地名コラム ⑩ 地名の寿命

第8章43節や前節で記したように、『出雲国風土記』に見える佐香《さか》、己自都《こしづ》、御津《みつ》、鎌間《かまま》、許豆《こづ》、宇夜《うや》、健部《たけるべ》などの地名はそのままか、ほんの少し音を変えただけで現在も残っている（ただし用字は、たいてい別になっている）。

このほかにも、各国の『風土記』に現れる地名で、今日なお消えていないものは、けっこう多い。きっちり調べたわけではないが、平均して三、四割以上は残存していると思う。すなわち、一三〇〇年くらいは生きつづけていることが立証される地名は、いくらでもあることになる。

また、長崎県の対馬、壱岐《いき》、松浦《まつら》などは、三世紀に書かれた中国の史書『魏志倭人伝』に対馬（字も変わっていない）、一支、末盧《まつろ》として載っている。これらについては、その誕生が少なくとも一八〇〇年ほど前にさかのぼることが証明できることになる。

しかし文献によって、これよりも古い時代まで遡及《そきゅう》することは難しい。もっと別の方法を使うしかないが、証明力という点では、どうしても文字記録には及ばない。ここでは島根県斐川町神庭の神庭谷を例にとって、その辺のことを考えてみたい。

既述のとおり、神庭谷からは四〇〇点近い青銅器が一括出土している。なぜ、これほど大量の、きわめて貴重であった祭器類を土中に埋納したまま放置してしまったかについては、考古学者たちがいくつもの説を提起している。それらの当否はともかくとして、ここが弥生時代の一帯の人びとにとって聖地であった事実だけは揺るがない。

神庭谷は何の変哲もない小さな川（新石川）沿いの谷間で、岡山県真庭市の神庭や神代などとは全く違う。後者のようなところなら古代人が聖地として崇《あが》めた理由も了解できるが、神庭谷がどうして、そのような位置を占めるに至ったのか、いまとなっては不明である。

青銅器がいつごろ埋納されたのか、はっきりしたことはわからない。だが、ざっと二〇〇〇年ばかり前と考えて大過ないようである。そのあと神庭谷は、なぜか聖地としての地位を失ったらしく思われる。埋納地は見通しのよくない、ごくありふれた山の斜面として、人びとから特別の注意をはらわれることなく二〇世紀後半までの長い時間が過ぎたのである。ただ、そのあいだも神庭という地名だけは使われつづけていた。すなわち、ここを「神の庭」と呼ぶことは、少なくとも二〇〇〇年ほど前には始まっていたことになる。

弥生時代の日本語と現代日本語は、基本的に同系の言語だと推測される。

『倭人伝』が記しているのは弥生時代末から古墳時代最初期にかけての日本だが、そこに見えるヒナモリ、ヒコなどいくつかの言葉は現代語で解釈可能であること、紀元前後の何百年間かに人種・民族構成を一変させるような事態の発生は知られていないこと、弥生人と古墳時代以降の日本人との形質人類学的特徴に大きな変化がないことなどから、右の推測ができると思う。

わたしは先に、島根県出雲市斐川町の神庭は弥生時代にできた地名であろうと述べた。これが当たっているなら、日本語は弥生時代から同一体系の言語であることを示す有力な証拠の一つになる。もっとも、これには当然、反論があり得るだろう。青銅器の埋納よりずっとのちに、地内のどこかが全く別の理由で神聖な場所と考えられ、そこを神庭と呼んだ可能性も排除しきれないからである。

この種の問題で説得力をもたせるには、もっと多数の例を挙げなければなるまい。しかし一つにはわたしの方の準備不足で、もう一つには紙数の都合で、いまはそれができない。

ただ、ここで言っておきたいことは、日本語の研究を古墳時代よりも前までさかのぼらせようとすれば、その資料として使えるのは地名と方言しかないということである。この方面の研究は、まだ緒についたともいえない段階にあると思う。

第11章　地名と人体名には共通語が少なくない

❻❶ 月出里（すだち）

●茨城県稲敷《いなしき》市月出里《すだち》

これは、すでに紹介した一口（いもあらい）や間人（たいざ）ほどではないにしても、地名に関心をもつ人びとには、よく知られた難読地名である。ただし、その読み方が、なぜできたのかは相応に合理的な解釈を下すことはできる。

「すだち」は元禄期（一六八八－一七〇四年）の『元禄郷帳』、天保期（一八三〇－四四年）の『天保郷帳』いずれでも「月出」と書かれていた。幕末ごろまでは、まだ最後の「里」が付いていなかったことになる。

月は一ヵ月ごとに満ち欠けを繰り返す。その一日目のことは、こんにちも「ついたち（朔日）」と呼んでいるが、これはツキタチ（月立ち）の訛りに違いない。つまり、月が成長を始めることを「立つ」といっていたのである。

一二世紀に成立した『梁塵秘抄《りょうじんひしょう》』の、

月も月立つ月毎《ごと》に若きかな、つく〴〵老いをする我が身何なるらん（月は月が始まるごとに若返

るのに、老いていく一方のわが身を何としょう）

の歌謡は、「月立つ」の言葉の意味を、よく表している。月の成長の始まりを、鳥の「巣立ち」にたとえて「月出」としたと考えれば、この表記を用いた人の気持ちもわからなくもない。ただし、その場合、「月立」の方がより適切なように思えるが、ひとひねりして「月出」としたのかもしれない。

自分が住む「すだち村」を漢字で「月出村」と書きはじめたのは、村の名主あたりではなかったか。江戸時代には名主や村の和尚さんなどの有識階級には川柳《せんりゅう》が流行していた。川柳は謎解きを生命としており、読む者に「これが、わかるかな」という謎かけを含ませることがよくあった。ここの地名は、そのような一種の悪ふざけを背景にして生まれた当て字の可能性があると思う。なお、月出には有住の寺院はなかった。

天保期まで単に月出と書いていたのに、その後、「里」を付けたのは、おそらく江戸の日暮里《にっぽり》（現東京都荒川区）の模倣ではないか。日暮里は、もとは「新堀」の文字を用いていたが、享保期（一七一六－三六年）ごろに表記を変えている。それには明らかに、江戸時代の文人趣味の影響があった。本書冒頭の「一口」の項でも記しておいたように、地名表記上の模倣は珍しくはなかった。

この地名をめぐる不審は、その表記よりも、むしろスダチの音が何に由来するかにある。いいかえれば、スダチとは何のことかが、よくわからない。

これと同音の地名は、きわめて珍しいらしく、国土地理院発行の二万五〇〇〇分の一地図に載る全地名およそ三八万を抽出、五〇音順に並べた金井弘夫編の『新日本地名索引』（一九九三年、アボック社）にも、ほかには、

●宮城県石巻市狐崎浜《きつねざきはま》字鹿立（すだち）屋敷

が出ているだけである。

右の「屋敷」は、このあたりでは「〇〇村」の「村」の意で機械的に付加しているにすぎないので、地名の意味を考える際には考慮しなくてよい。

こちらのスダチは、もとはシシダチといっていたと思われる。「鹿」の字は古くはシシ（現京都市左京区の鹿ヶ《ししが》谷《たに》は、その一例）と読むことが多かった。それが、いつのころかに、スダチに訛って現在に至ったのであろう。そうでなければ、「鹿立」の文字を当てるはずがないからである。シシダチにしても、それが何を指していたのか、わたしには想像のよすがすらない。

茨城県のスダチの方も、元来は別の音であったかもしれず、それがどんな音か判然としない。そうではなく、最初からいまと同じだったところで、やはり由来は不明である、こんなときには、いくら机上で思案していても仕方ないので、とにかく現地を訪ねてみた。

稲敷市月出里の高速道路（圏央道）にかかる「月出里」の標識

月出里は、霞ヶ浦から南西へ七―八キロほどの台地に位置している。ただし、もっとも早く開けたのは、そのあいだを流れる沼里川（霞ヶ浦へ流入する小野川の支流）沿いであろう。その一角に旧村社の鹿島神社（月出里四七五）があり、わたしの手もとの一九六九年編集の五万分の一図でも、この付近に人家の印が集まっているからである。台上の土地は、江戸時代から明治以後にかけての開墾だと思われる。

わたしは、行く前にはスダチのスとは、中洲などのス（水辺の砂や土砂が積もったところ）のことではないかと、たいした根拠もなしに予想していた。ところが、月出里あたりの沼里川は、幅が一メートルあるかないかくらいの細流で、洲が形成されたらしい様子がない。ほかには川も池もないので、どうやら予想は当たっていなかったらしい。
仮にスが洲だったとしても、こんどはタチ（ダチ）とは何かが問題になる。これも、わたしにははっきりせず、結局、地名の由来については、これまでのところ手がかりが得られていない。

㊷ 贄浦（にえうら）／贄川（にえかわ）／仁江（にえ）／仁淀川（によどがわ）

- 三重県南伊勢町贄浦《にえうら》
- 長野県塩尻市贄川《にえかわ》
- 京都府南丹市園部町仁江《にえ》
- 島根県出雲市佐田町一窪田《ひとくぼた》字仁江
- 愛媛県今治市吉海《よしうみ》町仁江
- 高知県中部の仁淀《によど》川

三重県の贄浦は、リアス式海岸がつづく熊野灘沿いの東部に位置している。『建久三年（一一九二）皇大神宮年中行事』に神領として「贄島」が見えるが、ここのこととみて間違いあるまい。すなわち、伊勢神宮への御贄《みにえ》の供進地であった。

贄とは「生贄」などのニエで、神に供える神饌または天皇（皇室）に供する献上食品のことである。贄浦の場合は当然、海産物ということになる。数ある漁村のうち、ここに「贄」の名が付いていたのは、一村全体が、その業に当たっていたからであろう。古代の木簡の記載などから、贄の供進には特定の地域あるいは集団が従事していたことがわかっている。

長野県の贄川は、中山道の宿場があったところで海からは遠い。ただ、地内を奈良井川（千曲川水犀《さい》川の支流）が流れており、宝暦年間（一七五一－六四年）成立の『木曾古道記』は、「中古まで此地より諏訪社の神事の御贄に川魚を供進したれば贄川の名あり」と述べている。確実な証拠に欠けるため定説にはなっていないようだが、後述するような事実から、わたしはこれが、もっとも合理的な解釈だと思う。

熊野灘に面した贄浦は、単に「贄」ともいっていた。そうだとするなら、いま「仁江」の文字を用いている京都、島根、愛媛の三ヵ所もそれだろうか。

京都府南丹市の仁江は、園部川（淀川水系桂川の支流）に臨んでいる。旧京都市内には神社仏閣が多く、皇居もあった。そのどこかに川魚とくに鮎を献上する人びとが、ここに住んでいたとしてもおかしくはないが、それを裏づける証拠はないようである。

昭和二十年代、ここから北へ二〇キロたらずの由良川で鮎を捕って桶に入れ、生きたまま京都市街へ運んでいた川漁師の集団がいたことを、わたしは聞取りで確かめている。彼らは地元では「オゲ」と呼ばれ、どんないきさつがあってのことか、差別・賤視の対象になっていた。「生きたまま」は汽車を利用してのことだが、もっと古い時代でも、仁江あたりからなら生き鮎を京都へ提供できたのではないか。

島根県出雲市の仁江は、神戸《かんど》川に近い。八世紀成立の『出雲国風土記』によると、神戸川では「年《あ》魚《ゆ》・鮭《さけ》・麻須《ます》・伊具比《いぐひ》（ウグイのこと）」が捕れた。また、明治の初めごろで、仁江を含む一窪田村では鮎一万五〇〇〇尾が漁獲されたとの記録がある。出雲大社のおひざ元でもあり、「贄の村」であった可能性は小さくないと思う。

愛媛県今治市の仁江は、同市と広島県尾道市とのあいだに浮かぶ芸予諸島中の大島に位置している。現在は同島中央部の内陸の地名になっているが、古くは西海岸の津倉湾（吉海港）が南方と東方へ深く切れ込んでおり、仁江は後者の湾奥のあたりを指していたらしい。南方の入り江に対し、こちらを「二の入り江」と呼んでいたのが、のち「二江」の意で「仁江」になったとの指摘がある。

しかし、それなら「二の江」となるはずで、この推測には無理があるのではないか。おそらく、「二江」とも書いた資料があり、その文字によった解釈のような気がする。瀬戸内海のただなかの地名であることを考えると、「贄」が原義であって不思議ではない。北隣の大三島には、伊予国一宮で旧国幣大社の大山祇《おおやまづみ》神社がある。

四国第三の河川で、土佐湾（太平洋）に注ぐ仁淀川は、古くは「贄殿川」と書き、「にえどのがわ」といっていた。

一〇世紀前半成立の『延喜式』には、この川から「押年魚一千隻、煮塩年魚五缶」が年料として宮内省内膳司の贄殿へ献上されていたことが見える。「押年魚」と「煮塩年魚」が、どんなものかわたしは知らないが、いまの仁淀川から保存処理された鮎が京都の朝廷へ献上されていたことがわかる。それゆえ、贄殿川の名が付き、それが仁淀川に訛ったのであろう。

鮎は古代から日本人お好みの川魚であり、河川から供進される代表的な贄であったに違いない。

㊸ 名古屋・名護屋・名越屋・名子屋（いずれも、なごや）

- 愛知県名古屋市
- 佐賀県唐津市鎮西町名護屋《なごや》
- 高知県日高村名越屋《なごや》
- 千葉県成田市名古屋
- 福島県会津若松市の旧名子屋《なごや》町

地名の中には現在の音は全く同じであっても、その由来は違う場合が、ままある。ここではナゴヤを例にとって、それを示してみたい。

愛知県の県庁所在地の名古屋市は、いまでは知らない日本人はいない大地名になっている。これが何を意味したかについては諸説あって一定しないが、卑見は最後にまわし、まずほかのナゴヤを取上げることにしたい。

福島県会津若松市には、ナゴヤ町が数ヵ所あったらしい。もとの西名子屋町に含まれる現在の日新《にっしん》町一〇－一一には、

「昔、名子を住まわせた地を名子屋町と呼んだ。市内には数ヵ所にこの町名があり、西に位置する町なので、この名が付いた」

旨を記した説明板が立っており、幕末に成立した『若松風俗帳』にも、ほぼ同じことが述べられているという。

名子は主に中世から近世にかけて使われた言葉で、荘園領主や上層農民に隷属する下人《げにん》的な農民のことである。江戸時代の若松では、町場に集住させられていたのであろう。一種の農業労働者に近かったのではないか。

千葉県成田市名古屋には、「助崎城」という中世の城跡がある。千葉六党の一つ大須賀氏が築城したとされているが、その時期ははっきりしない。本曲輪《ほんぐるわ》（本丸）は比高差二〇メートル前後の台上にあって、そこから北へ向かって延びる狭い道の両側には、どっしりした古格な感じの家々が並んでおり、いかにも中世の「城下村」といった雰囲気がある。

平凡社の『千葉県の地名』によると、名古屋には「城の腰《じょうのこし》」「登城二ノ丸《とじょうにのまる》」「館ノ内《たてのうち》」「城山下《じょうやました》」

「根古谷《ねごや》」などの小地名が残っている。ただし、すでに日常生活では用いられていないらしく、年配の住民でも知らない人が多い。

右のうちの「根古谷」は、本書の第四章「城下（ねごや）」の節で取上げたネゴヤすなわち中世の城下を指す語である。ネゴヤとナゴヤは音が近い。確証を挙げることは難しいが、助崎城にもとづくネゴヤが一方で「根古谷」の小地名として残り、他方で集落全体を含む「名古屋」の地名に成長した可能性が高いと思う。

高知県日高村の名越屋は、ちょっと異様な立地の場所である。前節で紹介した仁淀川が、ここで「U」の字を縦に引きのばしたような形で大きく蛇行しており、そのあいだの岬状の土地が北へ向かって突き出している。

仁淀川は前述のようにもとは贄殿川といい、古代から鮎の産地であったが、とくに名越屋付近は、いまも屈指の鮎釣り場として知られている。シーズン中など、この一帯で竿を出す人の姿は絶えることがない。

それから考えて、どうもここのナゴヤとは、「魚小屋《なごや》」の意ではないかと思われる。つまり、捕った鮎を「押年魚」や「煮塩年魚」に加工したり、それらを保管しておく小屋が建っていたのではないか。

「魚小屋」という言葉については、柳田國男の『国語史　新語篇』（『柳田國男全集21』所収）の「七複合保存の例」に興味ぶかい指摘が見える。

「魚をナといったのは、酒の肴《さかな》という場合だけに残っているが、それさえも野菜の菜だなどといって、我々の酒宴に必ず鮮を用いた風習を忘れてしまうまでになっているのだが、地方の複合詞の中には魚を納るる屋をナヤ・ナゴヤ、魚を乾す装置をナダナといい、魚群をナブラともナムラともいう名が残り、天竜川の流域では川をしきって魚を捕る漁法に、ナツボという名称もなお用いられている」

柳田は、どこかでナゴヤ（魚小屋）なる日常語を耳にしたことがあったのである。

佐賀県唐津市の名護屋は、豊臣秀吉が朝鮮半島へ兵を出す際、前線基地としての名護屋城を築いたところである。そこは、玄界灘へ向かって突き出した東松浦半島の北岸に深く切れ込んだ名護屋浦に面している。この湾は絶好の漁場であるとともに漁業基地であり、確かな証拠はないにしても、湾内のどこかに魚小屋があったことは、ほとんど疑いないのではないか。それが、地名の由来であることは十分に考えられる。

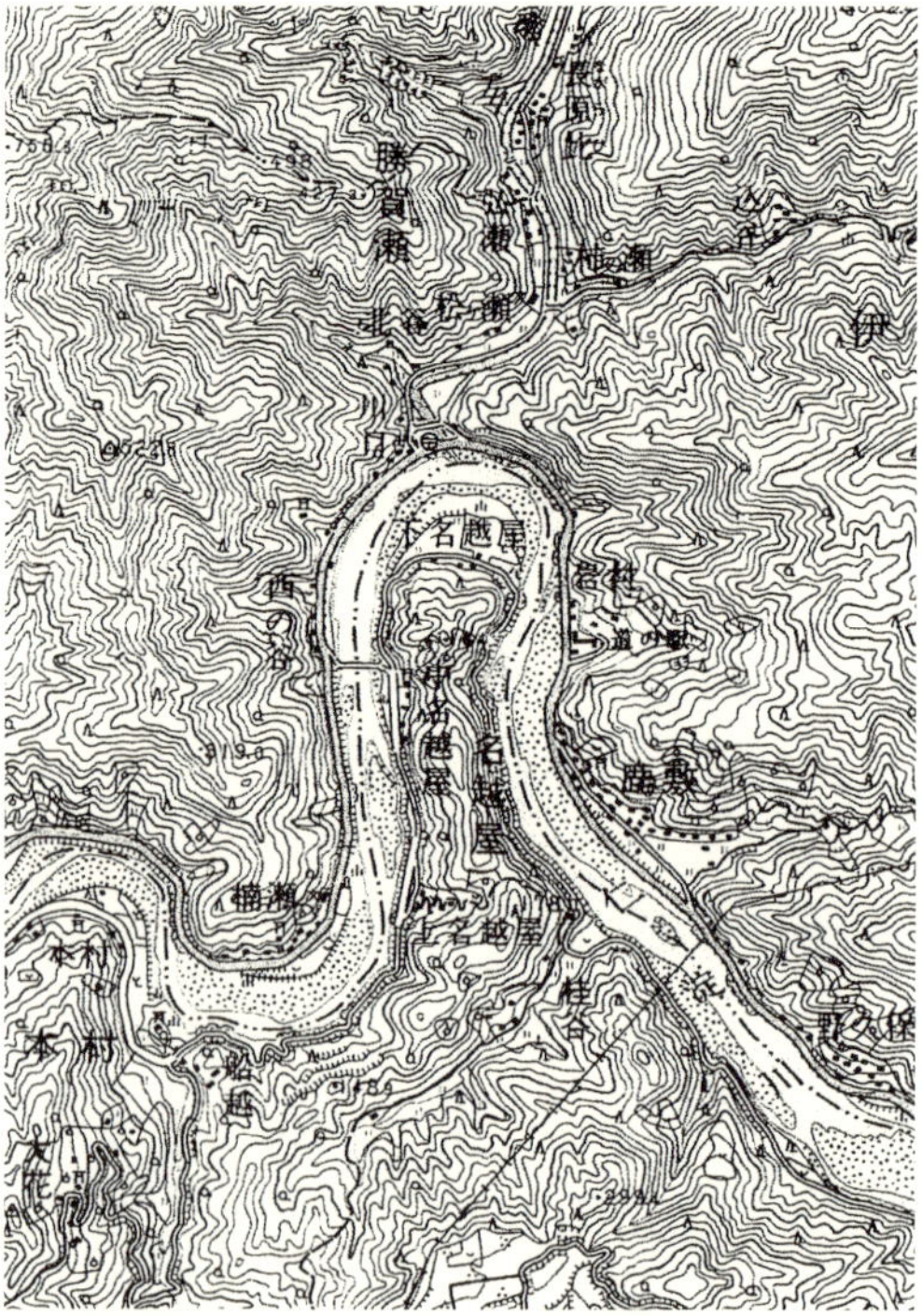

高知県日高村名越屋あたりの仁淀川。大きく屈曲している（５万分の１地図「伊野」の部より）

愛知県名古屋市については、その語源を会津若松と同じく「名子屋」に求める説も、城下の意の「根小屋」によるとする指摘もある。しかし、このどちらにも疑問が残る。

現名古屋市の資料上の初出は平安時代の末で、「那古野《なごや》荘」という荘園名であり、かなり古い。ところが、「名子」の語と概念が文献に現れるのは鎌倉時代になってからだといい、時代的に矛盾する。

根小屋も同様に中世に発生した言葉だとみられるうえ、各地に合わせて数百は存在する、この意味でのネゴヤ地名は東日本に偏在していて、その西限は、

●愛知県新城《しんしろ》市豊島字根古谷

のようである。名古屋は、ここより西になるので、この点も右の仮定の可能性を低くしている。

だからといって、もとは「魚小屋」を指していたとはいえないが、古代には、ここが海に近かったことを考えると、そうであっておかしくはない。少なくとも、いま出されているどの説より妥当なように思われる。

64 女郎島（じょろうじま）／女郎子岩（じょろこいわ）

●香川県東かがわ市引田《ひけた》の女郎島
●山口県長門市油谷《ゆや》向津具《むかつく》上《かみ》の女郎島
●静岡県西伊豆町宇久須《うぐす》の女郎島
●岩手県山田町織笠《おりかさ》の女郎島
●北海道積丹《しゃこたん》町入舸《いりか》町の女郎子岩
●同羽幌《はぼろ》町天売《てうり》の女郎子岩
●同島牧村持田《もった》の女郎子岩

何だか、いわくのありそうな名だが、どんなところか紹介する前に、柳田國男の『地名の研究』所収の「地名と歴史　一二」から次の文章を引用しておきたい。

「それからちょっと説明を要するのはケハイ田、これも全国的に分布しているからわかるので、この

化粧《けはい》というのは大祭の日の舞女を意味する。化粧は普通の女はめったにもしなかったのである。その化粧、すなわち白粉をぬり紅をつける女性の給与のために、特に一区の神田があったので、いかに昔は化粧が大切であったかが知れる。女郎免・傾城《けいせい》屋敷などというと、人はすぐになまめかしい伝説を想像したがるが、これも本来はまた神に仕えて舞う女性の名であった」

柳田は、女郎免《じょろうめん》の地名は、神社の祭礼の日に神楽を舞う女性（普通にはイチ、イチコ、ミコなどと呼んだ）に、領主が給与した免田（税を免除された水田）によって付いたとしていることになる。それでは、女郎島の由来は何だろうか。

香川県東かがわ市の女郎島は、引田城跡のある小さな半島の北岸から五〇メートルほど沖に浮かぶ径三〇メートル前後の小島である。横から見た形が三角形で、干潮時には歩いて渡れる。城主の奥方が腰元たちと磯遊びをしたとか、おせんという女性が、ここで若い坊さんと逢う瀬を楽しんでいたが、あるとき相手が現れないことを悲しんで海に身を投げたといった説話が伝わるが、名前からつくられたお話であろう。

山口県長門市の女郎島は、久原《くはら》漁港の風波を防ぐような場所に位置する、お椀を伏せた形の小島で、現在はここから北東と南西方向に防波堤が延びている。

静岡県西伊豆町の女郎島は、宇久須漁港の北岸沖五〇－一五〇メートルくらい沖の岩礁群を指すようである。

岩手県山田町の女郎島は、織笠漁港の東一キロばかりに点在する、最大でも径数メートルほどの岩礁群に付いた名である。

右の四ヵ所のどれにも人は住んでいない。というより、そもそも、それだけの広さがない。岩手県の場合は、陸地からやや離れているが、あとは地先にばかり位置している。

この「地先の小島」という特徴は、本書の第五章末のコラム「小さな大島」で紹介した青島や小さな大島のそれとよく似ている。いずれも、沿岸住民たちの信仰の対象になっていた。

陸地のすぐ先にあって、人は住むことができないほどの、しばしば岩だらけの小島や岩礁が聖地とされている（あるいは、されていた）例は、きわめて多い。その根源的な理由は明らかではないが、四ヵ所の女郎島は、これらの条件によく合致する。やはり、漁民たちに聖地とみられていたのではないか。

そうだとするなら、その名の「女郎」とは遊女のことではなく、何らかの意味で神に仕えた女性を指していたらしく思われる。これらの島に、そのような女性が住んでいたというのではない。神聖視していたため、神に仕える女性の名で呼ぶようになったのである。いいかえれば、「ミコ島」とか「弁天島」（弁天は水とかかわりが深い女神である）に近いニュアンスの命名であったろう。

北海道の三ヵ所の「女郎子岩」で、もっともよく知られているのは、積丹町のそれである。ここの女郎子岩は、小樽北西の積丹半島北岸の波打ちぎわに位置している。ちょっと異様な形状の岩で、高さは一四メートルくらい、着物姿のすらりとした人間のように見える。しかも、底部より上方が太く、それを子を抱いた女性の姿とみなして名が付けられたといわれている。

そうなると、いやでも伝説がつくられる。アイヌの部族長の娘シララ姫が、恋人の船出を見送ったまま岩に化したというのである。

羽幌町の女郎子岩は、天売島南西部の北岸地先に浮かんでいる。天売島観光案内所の職員によると、陸から一〇メートルほどにあって、高さは二五メートルばかり、「ろうそくの炎のような形」の先がとがった岩だという。ただし、国土地理院のデータベースでは、もう少し沖にあり、高さはもっと低いようである。いずれにしろ、こちらの女郎子岩は人の姿らしくはない。

島牧村の女郎子岩は、渡島《おしま》半島付け根の北岸、茂津田《もった》岬の五キロほど北の海べりにあった。以前は「人が立っているような形」（役場職員の話）だったらしく、その名と合わせてであろう、「女郎さんが立っている」ともいわれていたそうである。しかし、平成五年（一九九三）七月十二日の北海道南西沖地震で崩れてしまい、いまはべったりした感じの岩になっている。

北海道にある三つの女郎子岩の名は、本当に「女郎が子を抱いているような姿」に由来するのだろうか。わたしは、これに対しては疑問を覚える。

まず、とくに天売島のとんがり岩は、そんな形状ではないらしい。島牧町も、人の立ち姿にたとえることはできても、抱かれた子の部分はなかったようである。つまり、そう見えるのは、積丹半島の女郎子岩だけだといえる。

さらに、「女郎子」という表現も不自然である。「女性が子を抱いたように」見えるとすれば、「子抱き岩」とか「子持ち岩」などといったりするのではないか。わざわざ「女郎」を付けなくても、それだけで女性を連想するように思われる。

ジョロコ（ジョロッコと発音する人もいる）は、日本語によるのではなく、アイヌ語にもとづく名である可能性が高い感じがする。それがどんなアイヌ語か、わたしは示すことができないが、和人（ここではアイヌ人以外の日本人の意）には、そのように聞こえるアイヌ語に対して「女郎子」の文字を当てたのではなかったか。

㊺ 所沢（ところざわ）／白猪谷（しらいだに）

- 埼玉県所沢市
- 高知県いの町寺川の白猪谷《しらいだに》

埼玉県南部の所沢市の「ところ」は、アイヌ語のト・コロ（湖を・持つ）に由来するという指摘がある。

たしかに、北海道の北東部、網走の北西でオホーツク海に注ぐ常呂《ところ》川の場合は、それに間違いあるまい。この川は古くは、いまライ・トコロ（死んだ・トコロ）川と呼ばれる分流が本流だったらしく、ライ・トコロ川は現在もサロマ湖に流入しているからである。つまり、「湖を持つ」にぴったり合致する。

しかし、所沢（もとの所沢村、すなわち今日の市街の中心地のあたり）には湖も池もないし、大昔にもなかった。アイヌ語では解釈がつかないのである。それでは、埼玉県の所沢とは、何を指して付いた名だったのだろうか。

トコロザワ、トコロダニ、トコロノ、トコロヤマ（トコロの文字は本州以南では、ほとんどが「所」か「野老《ところ》」）などの地名は、そんなに珍しくない。いちいち確認したわけではないが、ほぼ全部が湖や池、沼とは関係がないようである。

これらは、トコロという植物が多い場所に付けられた地名だと思う。トコロは和名をオニドコロといい、漢字では「野老」と書くことが多い。ヤマノイモ科に属し、葉も根茎もヤマノイモに似ている。ヤマノイモは、古代から良質の食料として好んで食べられていたが、トコロはそうではなかった。アクが強かったからである。しかし焼いたり、ゆでてさらすとアクが抜けて食用にすることができる。重要な救荒食品だったといえる。だから、人びとは、それがたくさん生えている場所に注目し、やがて地名になったのである。

● 岡山県倉敷市真備《まび》町箭田《やた》字所生《ところお》

●広島県庄原市東城町内堀字所尾《ところお》のトコロオは、ずばり「トコロが（多く）生えている場所」の意に違いない。ウ（訛ってオ）は、「ある植物が生えているところ」「ある鉱物を産出するところ」を意味する言葉である。

高知県いの町の白猪谷は、四国山脈の脊梁直下にあって、四国第一の吉野川の源流に当たっている。この川名や文字をいくら眺めつづけていても、その名の由来がわかることは決してあるまい。

実は、この白猪谷のシライとはヒガンバナのことである。ヒガンバナには異名が非常に多いが、高知県では、少なくとも昭和の半ばごろまではシレイ、シーレエの呼び名がもっとも一般的であった。近ごろは学校教育やマスメディアのせいで、ヒガンバナと言う人の方が多くなっているかもしれない。

周知のように、この植物には球根などに強い毒性がある。口に含むとしびれるというから、シビレがシレイ、シーレエに訛ったのではないか。それでも、アク抜きをすれば食べられるようになるため、救荒食として利用されていた。

ヒガンバナの根茎。かつては救荒食品であった。

宮本常一の『忘れられた日本人』所収「土佐寺川夜話」には、次のように見えている。

「天保のキキンの時はずいぶん伊予（愛媛県＝引用者）からたくさん来て、シライ谷に小屋をたてて住んでおりました。シライ谷というのはシライの多い谷のことで、シライはシレエとも言い、彼岸花のことです。もともと救荒植物として土佐藩ではこれを田畑の畔に植えさせたようですが、シライ谷は今行っても初秋には火が燃えているようにこの花が咲きそろうと言うことです」

白井（しらい、しろい）、白井沢、白井谷などの名は、各地におびただしい。その中には、白猪谷と同じ理由によって付いた例も少なくあるまい。しかし、ヒガンバナの球根が食べられることを知っていたり、かつては飢饉のときに、しばしば食べていたと聞いたことがある人はいまでは珍しいに違いなく、宮本が記したような事実を確かめることは、もう難しいのではないか。

㊅ 不動滝（ふどうたき・ふどうのたき）

- 福島県矢祭《やまつり》町冥賀《みょうが》の不動滝
- 群馬県沼田市利根町平川の不動滝
- 石川県中能登町井田の不動滝
- 京都府亀岡市稗田野《ひえたの》町佐伯の不動滝
- 鳥取県倉吉市関金《せきがね》町関金宿の大滝山不動滝
- 香川県高松市塩江《しおのえ》町安原上東《かみひがし》の不動滝
- 宮崎県都濃《つの》町川北の不動滝

「不動滝」「不動ノ滝」の名をもつ滝は、各地におびただしくある。国土地理院発行の二万五〇〇〇分の一地図に載る全地名およそ三八万を五〇音順に並べたアボック社の『新日本地名索引』には、九五ヵ所ほども列挙されている。しかも、同地図には見えないものも、すこぶる多い。現に右のうちでも、福島、京都、鳥取の不動滝は国土地理院の地図には出ていない。なぜ、同じ名の滝が、こんなにたくさんあるのか。

山中深くで、高い山腹からとどろき落ちる壮麗な滝は、人に神秘的な感じを与えるためであろう、

福島県矢祭町冥賀の不動滝。小さいながら印象的な滝である。

信仰の対象になりやすい。また、それゆえに、しばしば山岳修験者たちの行場《ぎょうば》にもなってきた。そういう背景があるところに、「不動滝」の名が付いていれば、いやでも不動明王信仰と結びつけられることになる。そばに不動明王（不動尊）が祀られているので、その名になったというわけである。実際、そのような例は珍しくない。

右の場合でいえば、群馬、石川、香川は、それに当たっている。京都も、古い資料には「石仏ノ不動アリ」と見えるから、これに含めてよいだろう。ここの不動滝は、雨乞いの場としても知られていた。

しかし、これから追いおい記していくように、不動滝の「不動」は、もともとは不動明王とは何らの関係もなかった。これは純然たる日本語で、人間とくに女性の陰部を指すホトが訛った言葉である。それを裏づける証拠は、いろいろある。

まず、不動滝のそばに祀られているのは、不動尊とはかぎらない。鳥取県の大滝山不動滝では、それは観音であり、わきに立派な観音堂も建てられている。仏像、仏画の混同は起きて不思議ではないが、忿怒《ふんぬ》の相の不動明王と、柔和な観音とは違いがありすぎるし、それにフドウとカンノンでは音にへだたりが大きい。つまり、観音は滝の名とは結びつかないといえる。

宮崎県の不動滝では、祀られているのは瀧神社であって仏教の神ではない。そうして、福島県の不動滝では信仰との関係は、とくに伝えていないようである。

『古事記』(七一二年成立)にはホト、ミホト(漢字表記は美蕃登《みほと》。ミは尊称、美称)の言葉が何ヵ所かに出てくる。同書では、女性器の意で用いている。

ホト(連濁によってホド)の語について、柳田國男は『地名の研究』所収「地名考説」の一七で、「本来ホドは秀処《ほど》の義であって、身体中最も注意すべき部分」だとしたうえで次のように述べている。

「現に荘厳なる記紀(『古事記』と『日本書紀』=引用者)の神代物語にも、しばしばミホトの記事があり、『出雲風土記』(八世紀の成立=引用者)にも、

神門《かむど》郡陰山《ほとやま》　大神之御陰《みほと》也

とある。陰は男女に通じ用いられた語で、今ならば股倉《またぐら》というくらいの意味であろう。すなわち二つの尾根のある山である」

多少の補足をしておけば、ホト(ホド)の語が地名に用いられている場合、二本足のあいだのいちばん奥まったあたりのように、両側に山が迫っており、そのどん詰まりを指すことが多いようである。柳田は、ホド野、ホドヶ谷、ホドヶ原、ホド平などの例を挙げている。

滝というのは、だいたいはそのような場所に見られる。しかも、流れ落ちる水はホトから垂れる、あるいは放出される小便を思わせる。大昔の人間は、いまより即物的で率直であったらしく、その様子からただちにホトにたとえたのであろう。その連濁であるホドはフドやフドウに音が近い。自然に、またはいくぶん意図的に、フドウと聞いて「不動」の文字を当てたのではないか。

しかし、数ある滝のうちには、もとのまま呼んでいる例も、まあまある。

●長野県千曲市森の女陰の滝

は、それに違いない。

今日、現地の案内板などでは、女陰をニョインと読んでいるようである。だが、ニョインは漢字の

語義をもとにつくられた近代語で、本来の日本語らしくない。昔の庶民は漢字の知識は皆無か、ほとんどなかったから女性器のことをニョインなどといっても何のことかわからなかったろう。

これは、もとは「ホドの滝」といっており、その意味を知っていた地元の知識人が「女陰」の漢字を当てたのではないか。アボック社の『新日本地名索引』では、何かの根拠があってのことか、「女陰（ほと）の滝」としている。

女陰の滝は、しなの鉄道戸倉駅の二キロばかり東北東に位置するが、駅をはさんで、これと反対側の姥捨《うばすて》山（一二五二メートル）の一キロくらい南東には、

●千曲市上山田の不動滝

がある。

この滝は女沢《めざわ》川（全長三キロほど、千曲川の支流）の源流部にかかっている。女沢川の「川」は、のちの付加であり、元来は単に女沢であったろう。川や沢の名は、しばしば流域の地名から付けられるが、「メ」などといった地名があったとは思われず、メザワとは不動滝すなわち女陰の滝によっているのかもしれない。

●愛媛県内子町大瀬中央の程《ほど》ヶ滝

は、いまは集落の名になっている。しかし、もともとは滝の名であったに違いなく、それが集落名に移ったのであろう。ここのすぐ北方に夫婦《みょうと》滝と呼ばれる滝があり、その旧名の可能性もある。ただし、住民が「ホドの滝」と称する滝が別にある（または、あった）ことも考えられる。

●高知県いの町清水上分《きよみずかみぶん》の程野《ほどの》滝

は、いくつかの滝群の総称である。

それらは、ふだんは水がほとんど流れていない。ところが、まとまった雨が降ったあとには、背後

の山脈の尾根筋から何枚もの巨大な白布を垂らしたように、いっせいに水が流れ落ちてくる。そんな高所には通常、十分な水はないはずなので、それは不思議な光景として見る人の目に映る。

この滝があるところは「程野《ほどの》」という集落だから、あるいはこの地名が滝の名になったのかもしれない。その場合でも、程野は「ホドのように奥まった野のどん詰まり」を指していたと思われる。

「不動野」の地名もおりおりあるが、これも原義は「ホド野」であろう。

＊

❖地名コラム 11 人体の部位名と地名

人間の体の各部位を指す言葉と、地名に用いられる言葉には、共通するものが非常に多い。例えば口である。

口の付いた地名としては、山口、川口、谷口、沢口、田口、野口、原口、井口、樋口……など挙げていけばきりがない。これらの例から考えて、口の原義は声を発する器官ではなく、「(食物を)入れるところ」かもしれない。地名では、ほとんどが「入り口、出口」の意になっている。

井口の「井」は、「人が利用する流れ、水が湧くところ」を指していると思う。現代語でいえば、用水とくに農業用水のことになる。今日でも、高知県などでは農業用水路のことを「ユ」と呼ぶ人が珍しくない。その意味にするため、あえて少し音を変えているのではないか。

とにかく、井口は用水の取り入れ口に付いた名であり、そこに水門(樋《ひ》)があれば樋口となったのである。
●東京都三鷹市井の頭

をはじめ、「井ノ頭」の地名は、ときどき見かける。文字どおり用水の「カシラ（始まり）」のことで、右の場合は周知のように井の頭公園の池のことになる。

「頭無（かしらなし）」の地名、川名も、なかなか多い。

- 秋田県横手市の頭無川
- 新潟県見附《みつけ》市の頭無川
- 群馬県高崎市宮沢町の頭無川
- 山梨県北杜市長坂町塚川字頭無
- 熊本県人吉市温泉《おんせん》町の頭無川

などである。

「頭がない」とは何のことか、わたしには長年の疑問で、これまでに何ヵ所かの頭無を訪ねてみた。なお、はっきりしたことはわからないが、どうも用水の源に三鷹の井の頭池のように明瞭な水源がなく、ごく浅い沼や池あるいは水がしみ出しているような場所しかないところに付いた名のようである。

ともあれ、地名に「頭」が付く場合、アタマではなくカシラと発音することが断然、多い。その意味は「先端、突端」であることから考えて、カシラとは体のいちばん上の端を指し、アタマとは語義が少し違っているのではないか。アタマのタマは、タマシイ（魂）のタマと同源だとの指摘があるが、アタマとはカシラの中味のことかもしれない。

鼻は地名では、しばしば「花」と書かれ、「端《はな》」の文字になっていることもある。やはり「先端」のことだが、カシラと違って上方、上流ではなく下方、横のそれを指す。前章で紹介したハナワ（たいてい「塙」と書かれる）のハナは高台や丘の先端のことであり、そこは通常、半円形をなしているので「輪」といったのであろう。地名では「花輪」と表記されることもある。

「竹ノ花」の地名は、各地におびただしい。現場にいけばわかるが、だいたいは「岳《たけ》の端《はな》」の地形になっている。ただし、まれには「竹林のそば」のこともあり、

●山梨県甲府市伊勢四丁目にあった通称「竹ノ花」

は、その例になる。ここらあたりは一面のべったりした平野で、すぐ西側を荒川（富士川水系笛吹川の支流）が流れている。増水時に、この暴れ川の破堤を防ぐため土手に竹を植林していたが、その「端」の意で、そう呼ばれていたのである。

●山形県庄内町余目《あまるめ》

●宮城県仙台市宮城野区岩切字余目《あまるめ》

などの「余目」は、「余戸（あまるべ）」の訛りと考えられる。

古代の律令制のもとでは、五〇戸を一里としていた。しかし、戸数が増えると別に一里をもうけて、そこを余戸と称したのである。

東北地方の南部では、「べ」から「メ」への音転がとくに起こりやすかったらしい。宮城県大崎市と、その周辺のあたりでは、

●塚目・矢目・雑式目・荒田目・中目・桜ノ目・作の目・上野目・下野目

など「〇〇目」の地名が珍しくない。雑式目（ぞうしきのめ）のように、ほとんどが目の上に「の」を付けて読んでいる。これらの「目」も「部（べ）」の訛りで、意味は「〇〇集落」のことである。

顔の器官の目による地名は、口や鼻にくらべてぐんと少ないようである。それは耳についても同じだといえる。いずれも、地形の特徴と結びつきにくいからではないか。

首と、「くぼんだところ」を意味するクボとは語源が同じだと思う。クビ（首）は元来は前の方だけを指し、後ろはウナジといった。首は顎と胸とのあいだにあって、奥へ大きくへこんでいる。

大久保、窪田などクボの付く地名は、ほとんど無数にあり、要するに奥まった、あるいは切れ込んだ地形のことである。前述のホト（ホド）にやや近いが、一般に、それよりはずっと凹みが目立たない場合が多いように思う。

●石川県白山市の旧牛首村（現白峰）

●岐阜県高山市荘川町三谷《さんだに》の牛首橋

など「牛首」という名も折りおり見られる。

これは「牛の首」のような地形に付けられたのではなく、雨乞い習俗にもとづく可能性が高い。かつて、日本の各地で、雨乞いの最終段階の祈りとして、生きている牛や馬の首を切り落として特定の川や滝、湖に投げ込むことが行われていた。これについて詳しく知りたい方は、拙著『殺牛・殺馬の民俗学』（二〇一五年、河出書房新社）をご覧いただくと幸いである。

腹と原、広いのヒロの三語も同源であろう。腹は、人体でもっとも広々とした部位で、地形の原に似ている。腹の反対側は背という。背と瀬とは語源を同じくするのだろうか。

瀬には「浅い流れ」と「急流」の両義がある。「浅い」は「狭い」と結びつかないが、川幅が狭くなっていれば急流になる。瀬には古い時代、「狭い」の意があったのではないか。もしそうだとしたら、背の原義も「狭いところ」のことで、そこは背中のうちの背骨に沿った縦長の窪みだけを指していた可能性もある。

「腰巻《こしまき》」の地名も、ときどき見られる。

●福島県いわき市平菅波《すぎなみ》字腰巻

は、里山のへりに沿って半円形に家々が並ぶ集落の名である。すなわち、山の下方を腰にたとえ、そのまわりを巻くように形成された村を「腰巻」と呼んだことになる。

以上は、ほんの一部を紹介しただけで、人体の部位名と地名に付いた語が一致する例は、ここではとても列挙しきれないほど多い。

おわりに

柳田國男が従来、散発的に発表していた地名関連の論考を『地名の研究』と題して古今書院から刊行したのは、昭和十一年（一九三六）のことである。

わたしが同書の角川文庫版を手にしたのは、それから三十数年後のことだった。わたしは二十代であった。その折りの鮮烈な印象は、いまなお記憶に新しい。研究における実証とは、どのようなものかが実例をもって示されていると感じたのである。そこでは独断、短絡、思い込みがきびしく排除されており、全体をつらぬく明解な論理性・合理性に一種のさわやかさを覚えたものだった。

柳田國男の弟子、学問上の後継者あるいは、わたしのように勝手に、そうありたいと考えている者は、おびただしい数にのぼることだろう。その中で地名研究は、どうも影がうすいようである。労の多い割に、確かな手ごたえの成果が得にくいことが一因かもしれない。実際、地名の解釈には逃げ水のようなところがある。一度はたしかにつかんだと思っていても、ふと見なおしたら掌中に何も残っていないような気になることが珍しくない。ときには、これまでの一切が幻想にすぎないのではないかと不安にかられることもある。

そんな一進一退を繰り返しながら、わたしはとにかく四十年ばかり自己流の「地名研究」をつづけてきた。いつか、それを本の形にできる日が来るとは正直、想像していなかった。それが、この度、河出書房新社から上梓していただけることになったのである。
まず原稿に目を通していただいた同社企画編集室長の西口徹氏、および出版を諒とされた同社の関係者の方々に厚くお礼を申し上げます。

二〇一〇年十二月十日

*

今回、改題して再刊するにあたり、新たに「第11章　地名と人体名には共通語が少なくない」、及び「地名コラム⑪人体の部位名と地名」を書き加えた。

二〇二四年八月十五日

筒井　功

＊本書は、『日本の地名――60の謎の地名を追って』（河出書房新社、二〇一一年一月刊）に、第11章、地名コラム11を増補し、改題したものです。

筒井 功
（つつい・いさお）

1944年、高知市生まれ。民俗研究者。
元・共同通信社記者。正史に登場しない非定住民の生態や民俗の調査・取材を続けている。著書に『漂泊の民サンカを追って』『サンカ社会の深層をさぐる』『サンカと犯罪』『サンカの真実　三角寛の虚構』『風呂と日本人』『葬儀の民俗学』『新・忘れられた日本人』『東京の地名　地形と語源をたずねて』『サンカの起源　クグツの発生から朝鮮半島へ』『猿まわし　被差別の民俗学』『ウナギと日本人』『「青」の民俗学　地名と葬制』『殺牛・殺馬の民俗学　いけにえと被差別』『忘れられた日本の村』『漂泊民の居場所』がある。第20回旅の文化賞受賞。

潮来を、なぜイタコと読むのか

難読地名の謎

二〇二四年一〇月三〇日　初版発行
二〇二五年　七　月三〇日　２刷発行

著　者――筒井　功
発行者――小野寺優
発行所――株式会社河出書房新社
〒一六二-八五四四
東京都新宿区東五軒町二-一三
電話
〇三-三四〇四-一二〇一［営業］
〇三-三四〇四-八六一一［編集］
https://www.kawade.co.jp/

組　版――株式会社新後閑
印　刷――株式会社亨有堂印刷所
製　本――小泉製本株式会社

落丁本・乱丁本はお取り替えいたします。

ISBN978-4-309-22939-3
Printed in Japan